UNNÜTZES WISSEN

BAYERN

Hartmut Ronge

UNNÜTZES WISSEN

BAYERN

Skurrile Fakten zum Angeben

J. BERG

Bayern heißt auf Arabisch Bafaria, auf Bengalisch Bābhāriẏāra, auf Chinesisch Bāfálìyǎ, auf Finnisch Baijeri, auf Griechisch Vavaría, auf Italienisch Baviera, auf Japanisch Baierun-shū, auf Türkisch Bavyera, auf Koreanisch baieleun, auf Ungarisch Bajorország, auf Kroatisch Bavarska, auf Thailändisch Bā wā reīy und auf Niederländisch Beieren.

Ledige Bayern sind im Schnitt vier Zentimeter größer und drei Kilogramm leichter als verheiratete.

Bis aaner greint! Fünf Gramm Schnupftabak müssen rein – in einer Minute. Der »Schnupf-Club Kucha« hat 75 Mitglieder und bietet regelmäßiges Schnupfer-Training. Bislang erschnupfte man fünf Deutsche Meisterschaften im Einzel sowie drei Deutsche Meisterschaften in der Mannschaftswertung. Schneuz!

Hallo ...allo ...allo! Das berühmte Echo vom Königssee schallt zweifach von den Felswänden zurück, wenn die Trompetenfanfare ertönt. Als einst noch Böllerschüsse mit Schwarzpulver vom Schiff aus erlaubt waren, konnte man ein bis zu siebenfaches Echo hören: Bumm ...umm ...umm ...umm ...umm ...umm ...umm ...umm.

Bayerische Maßeinheiten: a Muggnschiss = 0,1 mm; a Fitsela = 0,5 mm; a wengal = 1 mm; a bissla = 0,5 cm; umara = +/- 1 cm; a Hennadapperl = 5 cm

In Deutschland gibt es eine Lederhosenstraße, einen Lederhosenweg und einen Lederhosenpfad.

8,2 Meter lang. 3,1 Meter breit. 382 Kilogramm schwer. In Neufahrn bei München wurde die größte Brezn der Welt gebacken. Ja so a Gschling!

Südlich vom Weißwurstäquator ist die Weißwurst Grundnahrungsmittel und sollte gezuzelt werden. Ob an der Donau, zwischen Altbayern und Franken oder vielleicht am 49. Breitengrad – wo exakt der Weißwurstäquator liegt, da sind sich die Experten uneinig.

100 Millionen Übernachtungen im Freistaat! Die meisten ausländischen Gäste kamen aus den USA, dann erst folgten Österreicher, Schweizer, Niederländer, Italiener, Briten, Chinesen, Emiratis, Franzosen, Russen, Spanier, Polen, Tschechen, Belgier und Japaner.

Franz Beckenbauer wohnte früher im Kaiserweg.

»Nenn mich nicht Walentin, du nennst ja auch nicht deinen Vater Water.« Der über die Grenzen Bayerns hinaus bekannte Komiker und Sprach-Anarchist Karl Valentin hieß mit bürgerlichem Namen Valentin Ludwig Fey.

Deandl jetzt werds Zeit, dass ma heiratn, hint san ma gleich und vorn bas ma zam.

»Hier beginnt der Orient!« Diesen Satz hörte man oft, wenn man Ende des vorigen Jahrhunderts von Ulm nach Neu-Ulm über die Gänstorbrücke ging und das erste Geschäft auf bayerischem Boden sah: einen Teppichhandel.

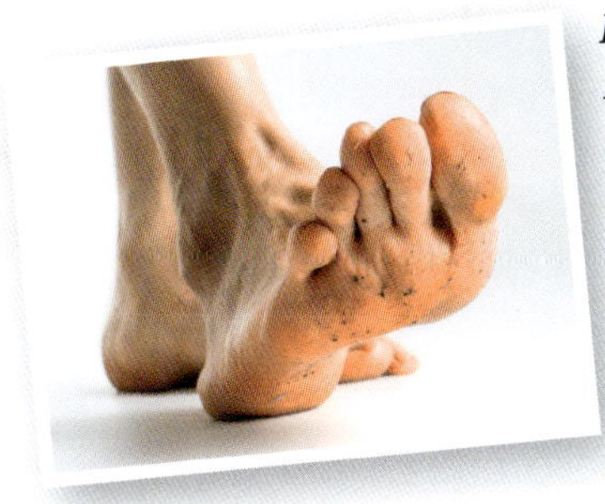

Bayerische Ortsnecknamen: Bischofsheimer Barfußläufer, Ebermannstadter Hungerleider, Rehauer Zipfelklatscher, Kirchehrenbacher Baggersfresser, Münchberger Bärenfänger, Marktredwitzer Schweinebeschläger, Lichtenberger Tümpelschöpfer, Altenkunstadter Hefenklüeß, Breitengüssbacher Depperla, Forchheimer Mauernscheißer, Haundorfer Hulzknipfel.

Für das Wort jodeln sind auch noch andere Bezeichnungen bekannt: ludeln, rugusen, jolen, zauren, hegatzen, juuzen, almen und dudeln.

Der gibt ganz schön Fersengeld! Roland Wegner aus Horgau im Landkreis Augsburg hält seit 2007 den Weltrekord im Hundertmeterrückwärtslaufen. Er brauchte für die Sprintstrecke nur 13,6 Sekunden. So schnell rennen viele nicht mal vorwärts …

Fensterln – die Tradition der Brautwerbung, bei der Männer ihrer Angebeteten nachts heimlich über eine Leiter Besuche abstatten – hat in anderen Regionen folgende Bezeichnungen: Bettfreien (Egerland), Korteln (Friesland), Gasseln (Kärnten), Fechen (Bern), Betelnacht (Böhmen), ans Lehmloch gehen (Rheinland), Hingelte (Werragegend), Freierei (Norddeutschland), Hengertnacht (Graubünden).

In Hessen allerdings kann Fensterln gefährlich werden – das Frankfurter Amtsgericht urteilte, dass dies kein kulturelles Erbe sei, sondern klarer Hausfriedensbruch. Leiter Pech gehabt!

In Nürnberg gibt es das Autohaus Assmann & Schrott.

Das Wappen von Vohenstrauß in der Oberpfalz zeigt einen Straußenvogel mit Hufeisen im Schnabel, den ein Fuchs anspringt und beißt. Da Vohe im Mittelhochdeutschen Füchsin heißt, symbolisieren die beiden Figuren in direkter Weise den Ortsnamen.

Bayerisches Graffiti: Bei der Lüftlmalerei werden Hausfassaden in Freskotechnik mit unterschiedlichsten Motiven verziert. Die Bezeichnung dieser traditionellen Kunstform stammt wahrscheinlich ab vom Wohnhaus des 1792 verstorbenen Oberammergauer Fassadenmalers Franz Seraph Zwinck – es hieß »Zum Lüftl«.

Auf der Zugspitze wurde im Juni 1985 mit 335 km/h die höchste Windgeschwindigkeit in Deutschland gemessen.

Am 2. April 1944 soll unterhalb des Gipfels auf 2656 Meter Höhe am Schneefernerhaus die höchste Schneedecke Deutschlands gelegen haben: 8,30 Meter!

Pyrbaum hat auf dem Wappen einen Birnbaum mit acht goldenen Früchten – es ist die Gemeinde mit dem größten zusammenhängenden Waldgebiet Bayerns.

Am Geburtshaus von Ludwig Thoma in Oberammergau befindet sich eine Lüftlmalerei mit folgendem Text: »In diesem Hause schenkte am 21. Januar 1867 die Schwaben Wirtstochter von Oberammergau Katharina Thoma geborene Pfeiffer als Ehefrau des Revierförsters Max Thoma dem Bayrischen Heimatlande und dem Deutschen Volke den Dichter Ludwig Thoma«.

Bethlehem liegt in Bayern. Die knapp 30 Einwohner gehören zur Allgäuer Gemeinde Lengenwang und jedes Jahr im Advent gibt es die »Bethlehemer Dorfweihnacht« mit lebenden Krippenfiguren. Bis Ende des 19. Jahrhunderts hieß der kleine Weiler Bettelheim, weil dort sehr arme Leute lebten.

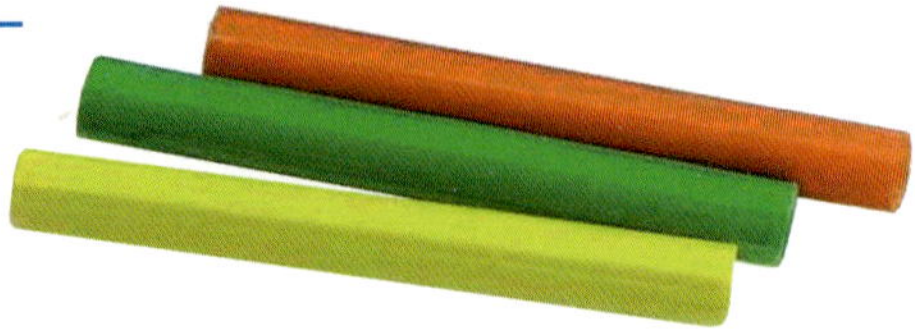

Knetissimo! Der Münchner Apotheker Franz Kolb hat 1880 die Knetmasse erfunden – nachdem mit ihm befreundete Bildhauer von Problemen mit austrocknendem Modellierton berichtet hatten. Er nannte sein Produkt Plastillin.

Georg Hackl war neunmal Weltmeister im Einzel-Wok. Bei der von Stefan Raab ins Leben gerufenen Fun-Sportart musste man in einem großen Wok einen Eiskanal hinuntersausen – ähnlich wie beim Bobfahren. So wurde aus dem Hackl-Schorsch der Wokl-Schorsch.

Die Autobahn A 8 von München nach Stuttgart nennt man auch Spätzle-Highway.

25 Prozent der Bayern wohnen in der Großstadt. Und weitere 25 Prozent leben in Gemeinden mit weniger als 5000 Einwohnern.

Das Niederbayerische Wappen zeigt auf der linken Hälfte die bayerischen weiß-blauen Rauten und rechts einen sehr schmalen, fast ausgehungerten roten Löwen. Auf dem Bayerischen Staatswappen ist der niederbayerische Löwe blau dargestellt und sieht mit der überlangen Schnauze aus wie ein Drache. Jomileggstamoarsch!

Die Straßenschilder in Freising und in Dachau sind die einzigen in ganz Bayern in Rot mit weißer Schrift.

Jo leck mi! Die allererste deutsche Briefmarke wurde 1849 vom Königreich Bayern auf den Markt gebracht – der inzwischen weltberühmte Schwarze Einser hat heute einen Sammlerwert von rund 65 000 Euro. Damals kostete die einfarbig schwarz gedruckte Marke einen Kreuzer.

Das Münchner Kindl war ursprünglich gar kein Kind – sondern ein Mönch.

Das erste offizielle Münchner Kindl auf der Wiesn war 1938 die erst 17-jährige Ellis Kaut. Sie studierte später Bildhauerei, wurde Schriftstellerin – und erfand im Jahr 1962 den Pumuckl.

Einfach riesig! 28 Meter hoch! 20 Meter breit! Am 16. September 1979 floh(g)en vier Erwachsene und vier Kinder nachts mit einem selbst genähten Fesselballon aus der DDR in den Westen. Nach 28 Minuten landeten sie sicher auf einem Feld im oberfränkischen Naila.

Zwoa Hoibe san aa a Läbakassemme!

Das Münchner Hofbräuhaus am Platzl ist das bekannteste Gasthaus der Welt. Schon Mozart, Sissi und Lenin ließen es sich dort schmecken.

Der weltweit einzige originalgetreue Nachbau des Münchner Hofbräuhauses steht in Las Vegas. Vom Stuhl übers Geschirr bis zum Dachziegel – wirklich alles wurde aus Deutschland importiert.

Das Hofbräuhaus gibt es inzwischen mehrmals auf der Welt – unter anderem in Dubai, Jiangyin (China), Belo Horizonte (Brasilien), St. Petersburg (Russland), Seoul (Südkorea), Genua (Italien) sowie in einigen Städten der USA. Aber auch in Bad Salzuflen und in Hannover. Um ein Hofbräuhaus in Lizenz eröffnen zu dürfen, müssen verschiedenste Kriterien erfüllt sein – es gibt Vorschriften zu Architektur, Einrichtung, Speisekarte und Musik.

Die beliebte Gaststättenhymne und eines der weltweit bekanntesten Stimmungslieder »In München steht ein Hofbräuhaus« wurde 1935 komponiert – von einem Preußen! Der Berliner Wilhelm Gabriel notierte sich die Melodie im Berliner Café am Zoo auf einer Illustrierten.

Oberbairischer Zungenbrecher: Srelektse, dantbatse undkrawatinsantum (Das Reh leckt sich, die Ente badet sich und die Krähe watet im Sand herum).

Der geografische Mittelpunkt des Freistaates Bayern liegt in der Mitte des Naturparks Altmühltal, am Südrand von Kipfenberg, einem Ortsteil der Gemeinde Denkendorf. Die Koordinaten lauten: 48°56'47.7"N 11°24'16.1"E.

Ohne Großbritannien in der Europäischen Union verschiebt sich deren Mittelpunkt nach Gadheim, einem Vorort von Veitshöchheim mit 80 Einwohnern. Zwei Meter neben einem Feldweg befindet sich dann die exakte geografische Mitte – ausgewiesen durch die Koordinaten 49°50'35"N 9°54'07"E. Ministerpräsident Markus Söder: »Bayern bleibt der Mittelpunkt Europas.«

Spielst du schon Golf oder hast du noch Sex? Bad Kissingen besitzt den ältesten bestehenden Golfplatz Bayerns – die Anlage wurde 1911 eröffnet.

Die erste im 3. Jahrtausend heiliggesprochene Deutsche ist die Webertochter Anna Hoß (1682–1744). Als Ordensschwester Crescentia lebte sie im Kloster Kaufbeuren und wurde 2001 von Papst Johannes Paul II. in das Verzeichnis der Heiligen aufgenommen.

Wer hat Kehrwoche? In Bayern gibt es 17 Simultankirchen – Gotteshäuser, die teilweise schon seit 1550 von evangelischen und katholischen Christen abwechselnd benutzt und gereinigt werden. Es gibt sogar einen Simultankirchen-Radweg.

Elend liegt im Landkreis Straubing-Bogen. Das mittelhochdeutsche Wort »ellende« bedeutet »die Fremde« – was darauf schließen lässt, dass sich an diesem Ort einst jemand aus dem Ausland niedergelassen hatte.

Wau! Der Bayerische Gebirgsschweißhund wurde Ende des 19. Jahrhunderts gezüchtet, um einen in den Bergen beweglicheren und optimal angepassten Jagdhund zu erhalten.

In Bad Tölz gibt es einen Bullen-Brunnen. Dor sind aber keine geschlechtsreifen Tiere zu sehen, sondern fünf Figuren-Silhouetten aus der Fernsehserie »Der Bulle von Tölz« – mit dem Hauptdarsteller Ottfried Fischer.

Bayerische Ortsnecknamen: Erlanger Pflasterscheißer, Eberner Sauköpf, Gößweinsteiner Schmalzkübler, Neustadter Hundsfresser, Lauinger Blunzen, Gunzenhausener Pflasterscheißer, Tittinger Fußabschneider, Niedermirsberger Eulnböck, Nailaer Özünder, Mindelheimer Gäblesstecka, Hallstadter Krapfenbäcker, Treuchtlinger Schlehenscheißer, Weißenhorner Vaterunserschnapper.

Das jährliche Starkbierfest am Nockherberg beginnt um den Josefstag und wird in München als Fünfte Jahreszeit bezeichnet. Zum Auftakt findet die Starkbierprobe statt – wobei der Brauereichef den ersten Krug dem bayerischen Ministerpräsidenten reicht mit den Worten: »Salve pater patriae! Bibas, princeps optime!« (Sei gegrüßt, Vater des Vaterlands! Trinke, bester Fürst!)

Früher schüttete man das Fastenbier auf eine Bank und setzte sich mit der Lederhose drauf. Wenn diese dann beim Aufstehen dran kleben blieb, galt das Fastenbier als stark genug.

Das Politiker-Derblecken am Nockherberg stammt aus der Zeit, als der Wirt seine Stammgäste noch persönlich kannte und sich mit den im Ort kursierenden Geschichten und Gerüchten über diese lustig machte – sie also derbleckte. Man engagierte aber gerne auch professionelle Redner, Gstanzlsänger oder Hochzeitslader, die dann entsprechend vorbereitet manchen Gast augenzwinkernd aufs Korn nahmen.

Dumm deaf ma scho sei, bloß zhäifa muaß ma se wissn!

Die Entfernung von Hauzenberg zum Südpol beträgt 15 386 Kilometer.

Oberstdorf heißt Oberstdorf, weil es das oberste Dorf im Allgäu war.

Regensburg heißt auf Italienisch Ratisbona, auf Tschechisch Řezno und auf Polnisch Ratyzbona.

Ein wahrer Champion! Kurt Köhler aus Erdweg im Landkreis Dachau wurde 1951 geboren – und stellte im Januar 2019 einen neuen Weltrekord auf. In knapp zwei Stunden absolvierte »Eisenkurt« insgesamt 30 240 Boxschläge mit annähernd Maximalkraft in 3er-Kombinationen.

De Frogn is ned, wos ziag i o … sondern: Wia kumm i do nei …

Forever number one: Das auflagenstärkste Druckwerk in deutscher Sprache mit 7,5 Millionen Exemplaren war … im Jubiläumsjahr 1977 der 930 Seiten starke Quelle-Katalog. Quelle war seinerzeit mit jährlich 25 Millionen Päckchen auch der größte Einzelkunde der Deutschen Post.

Primadonnen? Füllige Opernsängerinnen nannte der bayerische Komponist Richard Strauss »Primatonnen«.

In Wallgau gibt es einen Magdalena-Neuner-Panoramaweg – auf 28 Infotafeln mit Fotos und Zitaten erfährt der Wanderer fast alles über die ehemals erfolgreichste deutsche Biathletin, die bereits mit 25 Jahren ihre Karriere beendete. Sie wurde zweimal Olympiasiegerin, gewann zwölf Weltmeisterschaften und wurde dreimal Deutschlands Sportlerin des Jahres.

Pfeiffndeckl! Im Passauer Stephansdom wurde 1928 mit 208 Registern und 17 974 Pfeifen die größte Kirchenorgel der Welt gebaut. Der Dom St. Stefan ist zudem die größte Barockkirche nördlich der Alpen.

Auf Deutschlands höchstgelegener Bundesstraße gibt es 106 enge Bergkurven – die B 308 führt von Bad Hindelang nach Oberjoch im Oberallgäu und erreicht auf 1176 Meter ü. d. M. den höchsten Punkt im Bundesstraßennetz.

Zum Ursprung des Namens Rosenheim gibt es unterschiedlichste Theorien. Eine besagt, dass die Stadt einst Rossenheim hieß, weil im Mittelalter Rösser am Ufer Transportschiffe flussaufwärts zogen. Der Name könnte aber auch auf das Rosenwappen der Wasserburger Hallgrafen zurückgehen, einst Erbauer der Burg Rosenheim. Wieder andere leiten ihn von »Roas« oder »Roze« ab, was früher ein Sumpf- und Torfgebiet bezeichnete.

Eine besonders schöne Theorie ist die, dass die alten Innschiffer mit Rose ein schönes Mädchen meinten. In der Stadt soll es besonders viele davon gegeben haben. So bezeichnete man den Ort als »Heimat der Rosen« – und daraus wurde schließlich Rosenheim.

In Sulzbach-Rosenberg gibt es das Kosmetikstudio Pickel.

Immer schön Maß halten! Albert Schmidt aus Tirschenreuth in der Oberpfalz hält mit 45 Minuten und 2 Sekunden den Weltrekord im Maßkrugstemmen – seit 22 Jahren. Mit waagerecht ausgestrecktem Arm muss eine mit Bier gefüllte, insgesamt 2,4 Kilogramm schwere Maß so lange wie möglich gehalten werden.

Das Durchschnittsalter in Bayern liegt bei 43,5 Jahren.

Amberg im Landkreis Unterallgäu hat als einzige Gemeinde Radiowellen im Wappen. Seit 1972 befindet sich dort die stärkste Kurzwellen-Sendeanlage Europas.

Glaam deamas ned, awa wohr is scho!

Witzige bayerische Ortsnamen: Antwort, Blasen, Hammerschrott, Kotzendorf, Rattenberg, Wachholderbusch, Busendorf, Schabernack, Pups, Wichsenstein, Gern, Tussenhausen, Quick, Strullendorf, Ort, Tittenkofen, Hetzlos, Oberrüsselbach, Jammer.

Mit bis zu 1000 Pferden findet jedes Jahr am Pfingstmontag in Bad Kötzting eine der größten berittenen Bittprozessionen der Welt statt. 1412 lag ein Mann im sieben Kilometer entfernten Dorf Steinbühl im Sterben – und die Kötztinger Burschen gaben dem Pfarrer dorthin Geleitschutz, damit dieser die Sterbesakramente erteilen konnte. Nach der Rückkehr gelobte man, den Ritt jedes Jahr zu wiederholen.

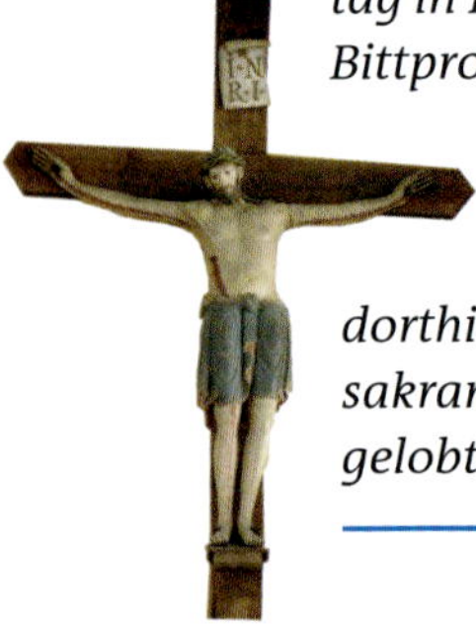

Lothar Matthäus war 1990 der erste Weltfußballer des Jahres überhaupt, verschoss als einziger Spieler zweimal im Elfmeterschießen eines DFB-Pokal-Endspiels, führte Deutschland zum dritten WM-Titel, hat vier Kinder, heiratete fünf Frauen unterschiedlicher Nationalitäten, ist einer von sechs Ehrenspielführern der Fußball-Nationalmannschaft und hatte bislang sieben Trainerjobs. Alle Acht-ung!

Als mittelalterlichste Stadt Deutschlands gilt Rothenburg ob der Tauber. Sie gehört zu den meistbesuchten Sehenswürdigkeiten Bayerns – mit über zwei Millionen Besuchern pro Jahr.

Da biste platt! Auf dem Wappen von Plattling sieht es so aus, als wüchsen drei Lilien aus einem Kothaufen.

Das bayerische Grundgesetz: § 1 Mia san mia! § 2 Ned gschimbfd is globt gnuag! § 3 Saufst, schdiabsd. Saufst ned, schdiabst aa! § 4 Ma sogt jo nix, ma redt jo bloß! § 5 Wenns koane Gnedl gibt, is ned gessn! § 6 Schau ma moi, no seng ma scho! § 7 Ma soi nix üwadreim! § 8 Zwoamol schiaf is aa grod! § 9 Wea ko, dea ko! § 10 Wenn's Oaschal brummt, is 's Herzerl gsund!

77 Prozent aller bayerischen Rindviecher gehören der Rasse Fleckvieh an – danach folgen das Braunvieh und Holstein-Schwarzbunt. Menschliche Rindviecher wurden nicht gezählt.

Am 6. Mai 1937 überlebte eine Flasche Löwenbräu Lager den Absturz des Zeppelins Hindenburg bei New York. Im Jahr 2009 sicherte sich ein Sammler das teuerste Bier der Welt bei einer Auktion in Großbritannien für eine fünfstellige Summe.

In Leichendorf gibt es keinen Friedhof. In den 1970er-Jahren wollten die Einwohner des heutigen Stadtteils von Zirndorf den Namen ändern – in Eichendorf oder Leuchtendorf. Weil das der Bundesbahn im Zuge der nötigen Umstellungen zu hohe Kosten beschert hätte, war die Idee aber schnell wieder gestorben.

Der westlichste Punkt Bayerns liegt in der Flussmitte des 30 Meter breiten Mains – im Ortsteil Großwelzheim, der zur Gemeinde Karlstein am Main gehört.

Liawa krumme Finga vom Kriaglhoidn ois wiar an Buggl vo da Oawad!

Franz Josef Strauß bekam vom millionenschweren Steuerflüchtling Eduard Zwick immer wieder kostenlos Flugzeuge zur Verfügung gestellt. Eines hatte als Kennzeichen seinen Namen D-FJSX, ein anderes lautete D-EWKX – die Buchstabenfolge stand für »Er wird Kanzler«.

Das Oktoberfest besuchen jedes Jahr rund sechs Millionen Besucher aus 65 Nationen, es werden 7,5 Millionen Liter Bier geschluckt – und zum Biesln gibt es Toilettenanlagen mit Stehplätzen von rund einem Kilometer Länge sowie 1258 Sitz- und Kotzplätzen. Was muss, das muss!

Obacht gem! In Pullach im Isartal haben manche Bewohner ein Haus in der Habenschadenstraße.

Nur zwei bairische Wörter beginnen mit einem X: Xaver und Xidi (= Tollpatsch, Hanswurst).

Die Predigtstuhlbahn in Bad Reichenhall ist die älteste im Original erhaltene Großkabinenseilbahn der Welt und die einzige, die unter Denkmal schutz steht. Sie ist seit 1928 in Betrieb – das Tragseil ist bis heute im Einsatz.

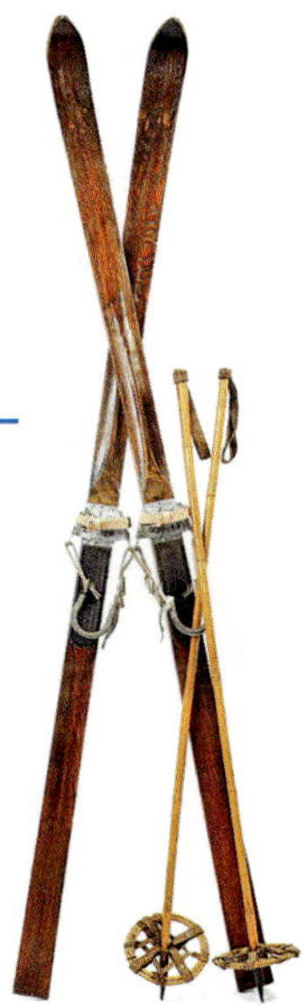

Felix Neureuther hat erst als Zehnjähriger erfahren, dass er berühmte Eltern hat – der Vater eines Freundes zeigte ihm zufällig ein Olympiabuch von 1976, in dem seine Mutter Rosi und sein Vater Christian Neureuther als Skistars abgebildet waren.

In Prien am Chiemsee gibt es eine Handspinngilde, eine Frauensterbekasse, einen Hufeisenverein sowie einen Rauchclub.

Blubb: In Wasserburg am Inn hat der Fluss normalerweise einen Wasserstand von 208 Zentimetern. Beim Rekordhochwasser im Jahr 2005 stand das Wasser sage und schreibe 719 Zentimeter hoch.

578 Meter: Bad Steben ist das höchstgelegene Staatsbad in Bayern. Der Großbuchstabe R im Wappen weist darauf hin, dass die Quelle radonhaltig ist. Istdasjetztehergutoderschlecht?

Zefix! Die älteste überlebensgroße Darstellung des ans Kreuz geschlagenen Christus befindet sich in Enghausen. Das 2,32 Meter hohe und 1,78 Meter breite hölzerne Kruzifix stammt aus dem Jahr 900 und ist somit das älteste Monumentalkreuz der Welt, das sich bis heute erhalten hat.

Spruch von Max Merkel, ehemaliger Fußball-Meistertrainer von 1860 München: »Im Training habe ich mal die Alkoholiker meiner Mannschaft gegen die Antialkoholiker spielen lassen. Die Alkoholiker gewannen 7 : 1. Da habe ich gesagt: Sauft's weiter!«

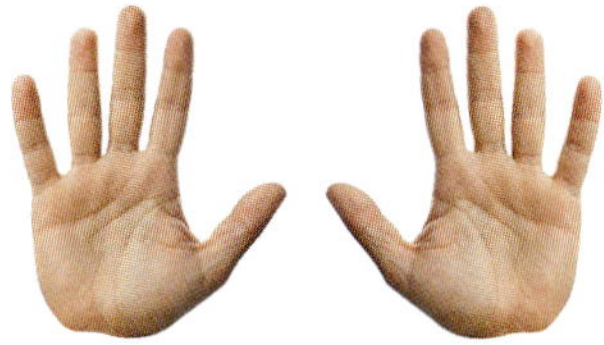

Auf die Zwölf! Lukas Vernaldi errang Mitte Oktober 2018 in Wolfratshausen einen neuen Weltrekord im Stühleübereinanderstapeln. Auf dem zwölften und letzten Stuhl machte der Hochstapler schließlich noch einen Handstand. Super Stuhlgang!

Oberfranken ist der Regierungsbezirk in Bayern mit den wenigsten Straftaten pro Einwohner.

Waging am See liegt am Waginger See. Der Bürgermeister heißt Baderhuber.

22 Prozent der Bayern sind Single.

Der Wolpertinger ist das bayerische Fabelwesen – wobei es keinerlei Hinweise darauf gibt, aus welchen Teilen dieses scheue Geschöpf besteht. Oft wird es als Hase mit Hörnern und Flügeln dargestellt, manchmal aber auch als Mischung aus Wolf und Reh.

Je nach Region heißt der Wolpertinger auch Woipertinger, Woiperdinger, Volpertinger, Walpertinger, Wulpertinger, Wolperdinger oder Kreißl. In der Oberpfalz sagt man Rammeschucksn und in Teilen Niederbayerns ist das Fabelwesen als Oibadrischl bekannt.

In Bayern gibt es neun Gemeinden mit Einhörnern im Wappen: Affing, Bachhagel, Ehingen, Finningen, Glashütten, Lichtenberg, Nußdorf, Röslau und Rugendorf.

Die Augsburger Puppenkiste hält den Weltrekord für eine Marionette mit den längsten Fäden. Von einem Hochhaus aus wurde der Kasperl an 97 Meter langen Fäden gesteuert und zum Leben erweckt.

Mosileum: Auf dem Münchner Ostfriedhof befindet sich eines der teuersten Gräber der bayerischen Landeshauptstadt – rund 1300 Euro Jahresgebühr kostet die letzte Ruhestätte des extravaganten Modedesigners Rudolph Moshammer. In der Gruft liegt sein einbalsamierter Leichnam unter einer drei Tonnen schweren Steinplatte.

Bairische Berufsbezeichnungen: Bletschnmafia (Gemüsehändler), Boandlkramer (Totengräber, Bestatter), Britschndandla (Gynäkologe), Duttlsheriff (Polizeibeamtin), Fetzndandla (schlecht sortiertes Kleidergeschäft), Funknschuasta (Elektriker), Glatzntischla (Friseur), Babbnschlossa (Zahnarzt), Kuttnbrunza (Mönch), Semmeschmid (Bäcker), Ziaglschupfa (Maurer).

Mit einer gesamten Fallhöhe von 470 Metern ist der Röthbach-Wasserfall am Obersee bei Schönau am Königssee im Nationalpark Berchtesgaden der höchste Wassersturz Deutschlands.

In Ruhpolding gibt es die Bäckerei Kotz.

Goldklar mit schneeweißer Schaumkrone: Ein Bayer hat das Pils erfunden! Josef Groll aus Vilshofen wurde in der böhmischen Stadt Pilsen als neuer Braumeister eingestellt, weil die dortige trübe Bierqualität einen immer schlechteren Ruf bekam. 1842 entwickelte Groll ein völlig neues untergäriges und stärker gehopftes Bier, das noch heute überall in aller Munde ist.

Immer Flagge zeigen! Die Rautenflagge und die Streifenflagge mit den Farben Weiß und Blau sind die beiden offiziellen Staatsflaggen von Bayern. Der himmelblaue Farbton hat die Bezeichnung RAL 5015.

Die weiß-blauen Rauten werden auch Wecken genannt – auf der Flagge müssen mindestens 21 Stück abgebildet sein. Auch abgeschnittene zählen. Und die erste Raute oben links ist generell immer weiß.

Die Streifenflagge besteht immer aus zwei gleich breiten Streifen in den Landesfarben, wobei der obere Streifen weiß und der untere blau ist.

Bei denen piept's wohl! Der Flughafen München ist Teil eines Vogelschutzgebiets mit 40 gefährdeten Vogelarten. Auf dem Gelände gibt es auch elf Bienenvölker.

Bunte Flüsse in Bayern: Goldbach, Blau, Schwarze Laber, Roter Graben, Weißbach.

Nieder mit dem Verstand – es lebe der Blödsinn! Der Komiker Karl Valentin starb 1948 verarmt und als unbekannter Lagerist in Planegg. Die Witwe bot der Stadt München seinen Nachlass für 7000 Mark an – als man dies ablehnte, kaufte ihn ein Kölner Historiker. Bis heute befindet sich der Großteil davon in der Stadt am Rhein mit den viel zu kleinen Biergläsern.

In der deutschen Bundeshauptstadt gibt es den Verein der Bayern in Berlin.

Der Schwäbische Gruß »Leck mich am/im Arsch« stammt vom berühmten fränkischen Reichsritter mit der eisernen Hand: Götz von Berlichingen. Er wurde durch sein rebellisches Auftreten im schwäbischen Bauernkrieg und als Hauptfigur in Goethes gleichnamigem Schauspiel bekannt.

Schöner wohnen: Ein Fußballer des FC Straubing verließ im März 2017 in der Halbzeitpause beim A-Klasse-Spiel gegen den FC Straßkirchen das Sportgelände, fuhr zu einer Wohnungsbesichtigung, kam zurück und ließ sich in der 81. Minute wieder einwechseln. Inzwischen hatte der Gegner zum 2 : 2-Endstand ausgeglichen. Man muss eben Prioritäten setzen …

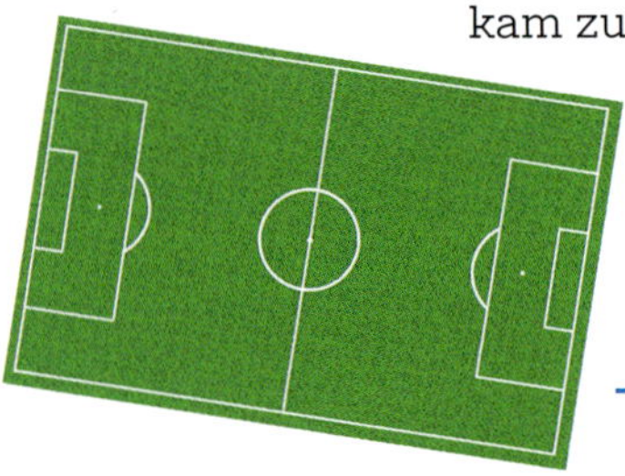

Jedes Jahr wachsen im bayerischen Staatswald 6,1 Millionen Kubikmeter Holz nach. Das ist ein Würfel mit einer Seitenlänge von 182,716 Metern.

Dafür braucht's vui Holz vor der Hüttn: Das größte Dirndl der Welt stammt aus Miesbach – für das Kleid wurden insgesamt 73 Meter Stoff verarbeitet. Der Brustumfang beträgt grandiose 327 Zentimeter! Des is fei a gscheids Trumm!

Gesagt, getan. Im Dezember 2018 hat im fränkischen Dörfles-Esbach bei Coburg ein Unbekannter einen alten Automotor an einem Bahnübergang entsorgt – und das entsprechende Verkehrsschild wörtlich genommen: »Bei geschlossener Schranke: Bitte Motor abstellen. Danke!«

Die Stadt Regen liegt am Schwarzen Regen und hat auf ihrem Wappen einen Regenbogen mit nur zwei Farben: Rot und Gelb.

Biopren statt Neopren! Weltrekord im Sonthofener Baggersee: Nur mit Bademütze, Schwimmbrille und Badehose bekleidet schwamm der Oberallgäuer Hamza Bakırcıoglu als erster Mensch im nur 4,1 Grad kalten Eiswasser eine Strecke von 3450 Metern. Der Extremsportler vertraute auf seine isolierende Fettschicht – er hatte extra zehn Kilo zugenommen. Fette Sache!

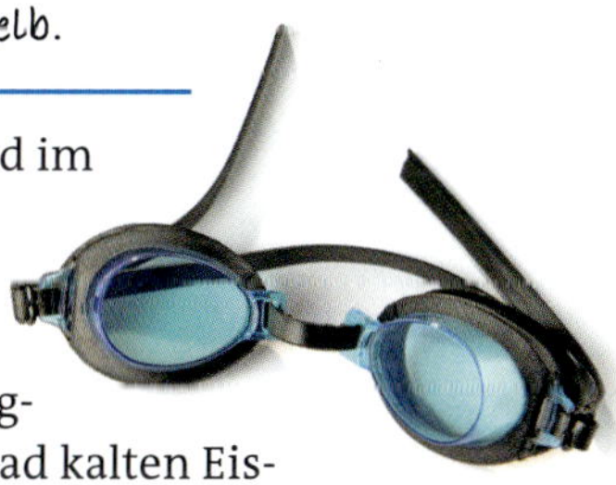

Gib die Kufe! Bei Rottach-Egern befindet sich die längste (Natur-)Rodelbahn Deutschlands. Am Wallberg geht es 6,5 Kilometer lang auf festem Schnee bergab – dabei werden in einer halben Stunde 825 Höhenmeter überwunden.

Oha! In einem Füssener Stadtteil gibt es ein Moorheilbad. Der Vorort heißt Bad Faulenbach.

In Peiting gibt es die Jodlerstraße.

Do legst di nieda! Jeden Tag wird in Bayern eine Fläche von 15 Fußballfeldern für Wohnen, Industrie und Verkehr verbaut – das sind 5475 Fußballfelder pro Jahr.

Das Wappen von Brennberg in der Oberpfalz zeigt … einen brennenden Berg.

Die Schwarze Madonna von Altötting ist eine um 1330 aus Lindenholz geschnitzte, 66 Zentimeter hohe Marienfigur mit dem Jesuskind auf dem rechten Arm. Ihren Namen verdankt sie vor allem dem Kerzenruß, der sich über die Jahrhunderte auf dem nachgedunkelten Holz der Figur abgelagert hat. Über eine Million Pilger besuchen jährlich die weltberühmte Marienstatue.

Gnadenröckl: Die Altöttinger Madonna besitzt rund 20 verschiedene kostbare Gewänder, die je nach Feiertagen und Festzeiten im Kirchenjahr gewechselt werden.

Tonnerlittchen! Die drei meistangebauten Gemüsesorten in Bayern sind Salatgurken (130 500 Tonnen), Speisezwiebeln (72 500 Tonnen) sowie Gelbe Rüben (50 000 Tonnen).

Schnattern liegt im Landkreis Lindau. Dort gibt es noch heute viele Moosbeeren – auf Schwäbisch »Schnatteren«.

Das Oberpfälzer Wappen zeigt einen goldenen gekrönten Löwen, weiß-blaue Rauten sowie auf rotem Grund zwei silberne gekreuzte Schlüssel – das Symbol des heiligen Petrus, Patron des Regensburger Domes. Der Schlüsselbart ist so geformt, dass deutlich ein christliches Kreuz zu erkennen ist.

Biermösl Blosn war eine beliebte und erfolgreiche bayerische Musikgruppe, die von 1976 bis 2012 Stubenmusik mit kabarettistischen Texten mischte. Das Biermösl (Beerenmoos) ist Teil des Haspelmoors bei Fürstenfeldbruck – und Blosn ein anderer Ausdruck für Gruppe, Clique.

Das Land der 1000 Teiche liegt in Bayern. Im Landkreis Tirschenreuth gibt es rund 4625 Stück davon; man nennt es auch Tirschenreuther Teichpfanne. 2000 Tonnen Karpfen werden hier jährlich aus den Teichen gefischt – das ist der Großteil dieser in Deutschland beliebtesten Speisefischart. PfiaTeich!

Aus die Maus! Weil eine dreispurige Straße in Vilshofen ein Biotop der Haselmaus zerschnitt, baute man für 93 000 Euro eine Brücke, um das Tier zu schützen und seine Lebensräume wieder zu verbinden. Leider bringt die sieben Meter hohe und 20 Meter lange Haselmausbrücke, die aussieht wie ein riesiges Gerüst für Straßenschilder, nichts: Noch vor ihrer Fertigstellung musste eine Biotop-Seite einem Neubaugebiet weichen. Die Behörden hatten sich nicht abgesprochen. Jetzt soll für das Tier des Jahres 2017 eine zweite Brücke gebaut werden …

Kuriose Nachnamen in Bayern: Rammelt, Kalbskopf, Hartnuß, Popel, Fleischhauer, Sauermilch, Fick, Scheissner, Dünnbier, Schweinefuß, Aufschneider.

Die im Jahr 1890 geweihte Wendelsteinkirche in Oberbayern auf 1760 Metern ist die höchstgelegene Kirche Deutschlands.

O sole mio! Länge: 33 Kilometer. Höhenunterschied: 265 Meter. Rund 8400 fast vier Meter lange handgebohrte Holzrohre. Sieben Pumpstationen. In den bayerischen Bergen entstand 1619 die erste Pipeline der Welt – eine Soleleitung von den Reichenhaller Quellen bis nach Traunstein.

Von Ochsenschenkel nach Schweinshaupten sind es 52,52 Kilometer.

Hopfen und Malz – Gott erhalt's! Die Hallertau ist mit 2400 Quadratkilometern das größte zusammenhängende Hopfen-Anbaugebiet der Welt. In der Mitte Bayerns werden jährlich 500 000 Zentner des Hanfgewächses produziert – das sind rund 85 Prozent der deutschen und 35 Prozent der weltweiten Hopfenernte.

D' Schwuhplattler aus München haben mehr als 100 Mitglieder und sind der weltweit erste schwule Schuhplattlerverein.

Zur Herkunft des Schuhplattlers gibt es viele Legenden. Eine davon stammt vom Münchner Mundartdichter Karl Stieler – dieser behauptete um 1875, dass der Schuhplattler dem Balztanz des Auerhahns nachempfunden sei.

Glifft-Schmiere gibt es nur hier! Die Kunden kommen von weit her, um in der ältesten Apotheke Bayerns ein altbewährtes Hausrezept gegen rissige Haut an den Händen zu erwerben. Die Passauer Hofapotheke zum Schwarzen Adler wurde erstmals 1384 erwähnt und wurde unter anderem zur schönsten Apotheke Deutschlands gekürt.

Klappern gehört zum Handwerk: In Bayern gibt es 741 Storchennester, die jedes Jahr wieder aufgesucht und von Meister Adebar mit neuem Nistmaterial »renoviert« werden. Danach wird sich im Horst um den Nachwuchs gekümmert. Horst mi?!

Eine »8-armige Pflegekraft« suchte per Anzeige Ende Juni 2019 das Alten- und Pflegeheim in Vilsbiburg: »Sie haben null Bock, anfallende Arbeiten zu erledigen? Sind immer müde und antriebslos? Wir bieten überarbeitete und gestresste Kollegen im Team, Aufgaben, die Sie niemals erledigen können, und Mehrarbeit ohne Ende. Her mit Ihrer Bewerbung! Gern gesehen sind Fotos vom letzten Grillabend mit Ihren Freunden oder vom Morgen danach!«

Der in Fürth geborene »Vater des deutschen Wirtschaftswunders« Ludwig Erhard qualmte täglich rund 20 Zigarren.

Für das Anfangs- oder Endstück des Brotes gibt es in den vielen bairischen Dialekten unterschiedlichste Bezeichnungen: Deckl, Knorzl, Knördlein, Rämpftla, Krüstlein, Rankl, Koppn, Küpplein, Ranft, Stärz, Giggel, Riebele, Kipfel, Reifle, Ränftlein, Knäusle, Reinffla, Rampfla, Scherz, Ränggel, Köppla, Knetzla, Kante, Rindl, Scherzerl.

DAV
Deutscher Alpenverein

Sherpas in Bavaria: Die Deutsche-Alpenvereins-Sektion Weiden in der Oberpfalz betreibt die Weidener Hütte in den Tuxer Alpen in Tirol. Auf 1799 Meter Höhe lernen dort Sherpas aus Nepal während der Hauptsaison, wie man eine Hütte betreibt und was beim Tourismus wichtig ist, um später eigenständig Lodges in ihrer Heimat betreiben zu können.

Inoffizielle bayerische Feiertage: Tag der Weißwurst am 22. Februar, Tag des Bieres am 23. April, die Wiesnzeit, Geburtstag von Franz Josef Strauß am 6. September, Sissis Geburtstag am 24. Dezember.

Für den Bau von Schloss Neuschwanstein wurden 400 000 Ziegelsteine verwendet.

Dafür ist jedes Formular zu klein!
In Dingolfing gibt es den längsten Straßennamen Deutschlands: die Bischöflich-Geistlicher-Rat-Josef-Zinnbauer-Straße.

2015 produzierte ein chinesischer Spielwarenhersteller einen Wehrmachtssoldaten mit dem Namen »Bastian« und nahm diesen nach einer Klage kurz darauf wieder aus dem Sortiment. Die Action-Figur sollte einen »typischen Deutschen« zeigen – das Gesicht sah Bastian Schweinsteiger zum Verwechseln ähnlich.

In Bayern haben 64 Prozent der Neugeborenen nur einen Vornamen, 28 Prozent hören auf zwei, 6 Prozent haben drei – und nur 2 Prozent besitzen vier oder gar fünf Vornamen. Spitzenreiter sind zwei Mädchen und zwei Jungen mit jeweils sechs Vornamen.

Europas größtes Waldgebiet ist der Bayerische Wald – mit einer Fläche von rund 6000 Quadratkilometern.

Jodeln hatte ursprünglich keine musikalische Bedeutung – man meinte damit unter anderem grobschlächtiges Benehmen oder auch eine handgreifliche Auseinandersetzung provozieren. Man hat so Tiere und Menschen gerufen und auf sich aufmerksam gemacht. Und es war auch ein anderer Ausdruck für Jauchzen.

Bairischer Zungenbrecher: Wenalausamoris, pax, druxun goris (Wenn eine Laus am Ohr ist, packe sie, drücke sie, und vorbei ist es).

Host mi?! Die Frauenkirche in der bayerischen Landeshauptstadt heißt eigentlich korrekt Dom Zu Unserer Lieben Frau. In einer Bodenplatte in der Mitte der Vorhalle kann man den »Fußabdruck des Teufels« besichtigen.

Ein Drittel der Häuser in Bayern sind gegen Überflutung durch Starkregen oder Hochwasser versichert.

Die Spielvereinigung Unterhaching ist der zweite börsennotierte Fußballverein Deutschlands nach Borussia Dortmund. Auf dem rot-blauen Wappen ist ein Fußball abgebildet – und ein Viererbob.

Kotzheim liegt im Landkreis Amberg-Sulzbach. Wegen der Lautverschiebung von »a« auf »o« kam es zum heute kuriosen Namen. Früher hieß der Ort Katzheim, wohl wegen der vielen Katzen, die dort lebten. Schöne Frauen wurden aber auch gerne als Katzen bezeichnet …

In Bayern leben tatsächlich fast genauso viele Hühner wie Menschen.

Ludwigsstadt hat das einzige Wappen in Bayern mit einem Teufel. Und mit einem nackten Mann. Die beiden Figuren sitzen jeweils in einer Waagschale, die der Erzengel Michael in der Hand hält.

Die Broudwoschd ist das fränkische Nationalgericht. Es gibt viele Varianten: die fingerlangen Nürnberger (Drei im Weggla), die Pegnitzer Bierbratwurst mit bis zu 25 Prozent Gerstensaft, die dicken, majorangewürzten Fränkischen, die über Kiefernzapfen gegrillten 30 Zentimeter langen Coburger, die ei- und kalbfleischhaltigen Kronacher, die Würzburger Geknickte mit Weißwein.

Der östlichste Punkt Bayerns liegt drei Kilometer östlich von Riedelsbach, einem Ortsteil der Gemeinde Neureichenau, im Landkreis Freyung-Grafenau. Hier geht die Sonne 15 Minuten früher auf als in Aschaffenburg.

Weißwurst heißt auf Bulgarisch vaĭsvurst, auf Japanisch Vu~aisuvurusuto, auf Koreanisch baiseu buleu seuteu, auf Arabisch yaswawrist und auf Chinesisch Bāfálìyǎ bái xiāngcháng.

Tatühaha: Ein betrunkener 16-jähriger Autofahrer telefonierte während seiner illegalen Spritztour im Raum München mit seinem Vater – dachte er. Der führerscheinlose Fahrzeuglenker wählte aber per Wahlwiederholung versehentlich den Notruf und die Polizei hörte interessiert zu, wie er seinen aktuellen Aufenthaltsort preisgab. Er wurde an Ort und Stelle verhaftet.

In Niederwerrn gibt es die Bäckerei Kuchenmeister.

Fränggischer Hallodri: Der weltbekannte Playboy Gunter Sachs war nicht nur Industriellenerbe, sondern auch Kunstsammler, Fotograf, Dokumentarfilmer, Astrologe – und Bobfahrer. Deutschlands bekanntester Lebemann wurde auf Schloss Mainberg geboren und war in erster Ehe mit Brigitte Bardot verheiratet.

Strick dich! Am Welttag des Strickens in der Öffentlichkeit trafen sich in Memmingen 150 Personen und strickten eine halbe Stunde lang gemeinsam vor sich hin. Das bislang größte Stricktreffen am Theaterplatz brachte einen neuen deutschen Rekord.

In Bayern leben 183 Einwohner pro Quadratkilometer.

Viele Badener können es bis heute noch immer nicht akzeptieren, dass der Bodensee im Volksmund Schwäbisches Meer heißt. Der größte Teil des Bodenseeufers ist nämlich badisch – auf einer Länge von 130 Kilometern. Zu Schwaben bzw. Württemberg gehören nur 25 Kilometer Ufer. Und zu Bayern, zum Landkreis Lindau, gehören 18 Kilometer.

Beim Fingerhakeln gibt es vier Gewichtsklassen und zehn Altersklassen.

Der Dommy: Moderator und Unterhaltungskünstler Thomas Gottschalk ist 192 Zentimeter groß, liebt Cowboystiefel und spielte in 33 Filmen mit. Er kam 1950 in Bamberg zur Welt und verbrachte seine Jugend in Kulmbach.

Die bairische Sprache wurde von der UNESCO im Jahr 2009 als gefährdet und somit als schützenswert eingestuft.

So 'ne Kacke! In Bayern sind 1,3 Millionen Hunde registriert. Das macht bei einem Durchschnitt von geschätzt 60 Gramm pro Haufen insgesamt 156 Tonnen (!) Hundekot pro Tag.

Ein schwäbisches, sehr erfolgreiches Kaufmannsgeschlecht mit Sitz in Augsburg waren die Fugger. Ursprünglich schrieben sie den Namen aber anders: Fucker.

Durch ihren Einfluss und Reichtum stiegen sie unter anderem in den Adel auf, nahmen hohe Staats- und Kirchenämter ein und waren auch sehr sozial engagiert und spendabel – sie gründeten Kapellen, medizinische Stiftungen sowie die älteste bestehende Sozialsiedlung der Welt: die Augsburger Fuggerei.

Kempten hat 155 Ortsteile! Darunter sind so interessante Namen wie Aschen, Dreifaltigkeit, Feigen, Haßberg, Hirschdorf, Lämmlings, Motzen, Rappenscheuchen, Schnattern, Staudach, Stoffels, Tannen oder Wegflecken.

500 Quadratmeter auf 860 Metern: Deutschlands höchstgelegener Weinberg befindet sich in Bad Hindelang.

Der südlichste Leuchtturm Deutschlands steht im Freistaat! In Lindau am Bodensee bildet er mit dem Bayerischen Löwen auf der gegenüberliegenden Seite die idyllische Hafeneinfahrt.

Der ehemalige Skirennläufer, Weltmeister und Olympiasieger Markus Wasmeier spielt Zither und Schoßgeige.

In Bayern gibt es zwei internationale Flughäfen (München und Nürnberg), einen Regionalflughafen (Memmingen), zwei Sonderflughäfen (Ingolstadt-Manching und Oberpfaffenhofen), sowie 22 Verkehrslandeplätze und 55 Sonderlandeplätze.

Der US-Soldat Harry Gelbfarb eröffnete 1959 in Schweinfurt Deutschlands erstes Bodybuilding-Studio.

Die Laternmaß ist ein alkoholhaltiges Getränk – es besteht aus einem halben Liter Weißwein, einem halben Liter Zitronenlimonade sowie einem Schnapsglas mit Kirschlikör, das am Schluss im Maßkrug versenkt wird und am Boden zum Stehen kommt. Dann kann die Laterne endlich gekippt werden ...

Trink, Brüderlein, trink! Die Bayern zahlen 23 Prozent der Biersteuer in Deutschland, obwohl sie nur 15 Prozent der Bevölkerung ausmachen.

Durchmesser: 330 Meter. Umfang: 1,037 Kilometer. In Landsberg am Lech gibt es den wohl größten Kreisverkehr Deutschlands.

Bayern besteht aus den sieben Regierungsbezirken Oberbayern, Niederbayern, Oberpfalz, Oberfranken, Mittelfranken, Unterfranken und Schwaben.

Uli Hoeneß: »Eine Biografie? Von mir? Never ever! Wenn ich die Wahrheit über das, was ich alles erlebt habe, schreiben würde, müsste man etwa zehn Bände machen – und ich müsste nach der Veröffentlichung nach Australien auswandern.«

Hock di hera, no samma mehra!

Je nach Region haben Gstanzln ganz unterschiedliche Bezeichnungen – man kennt sie unter anderem auch als Basseln, Flausen, Gsetztln, Haarbrechergsangl, Possenliedl, Rappedietzle, Schleifer, Schanderhagge, Schelmeliedle, Schwatzliedl, Stückl, Trutzgsangl, Vierzeilige und Schnaderhüpfl.

1149 Meter tief! 21,3 Kilometer lang! Die Riesending-Höhle am Untersberg in den Berchtesgadener Alpen ist die tiefste und längste Höhle Deutschlands. Der Name geht zurück auf einen erstaunten Ausruf bei der Erforschung der Höhle: »Das ist ja ein Riesending!«

Ein Franke hat die Wiener erfunden. Der 1772 in Gasseldorf (heute zu Ebermannstadt gehörend) geborene Johann Georg Lahner machte in Frankfurt eine Lehre als Fleischer, eröffnete später in Wien eine Metzgerei und kreierte ab 1805 kleine Würstchen, die er Frankfurter nannte. In Deutschland und im europäischen Ausland kennt man die Spezialität heute noch als Wiener.

Bayerische Ortsnamen in Mundart: Aschebersch (Aschaffenburg), Gronich (Kronach), Schweifert (Schweinfurt), Landshuat (Landshut), Mellerschd (Mellrichstadt), Zindof (Zirndorf), Färd (Fürth), Herschbrugg (Hersbruck), Augschburg (Augsburg), Bengatz (Pegnitz), Laidäschausn (Leutershausen), Rengschburg (Regensburg), Mürschd (Münnerstadt), Wousigl (Wunsiedel).

Der erste Vorsitzende des Landesverbands Bayerischer Pferdezüchter heißt Ochs. Und der Zuchtleiter heißt Große-Freese.

Weil man ursprünglich die Gewinne mit Kreidestrichen auf Tischen und Wänden kenntlich machte, welche schließlich das stilisierte Bild eines Schafskopfs ergaben, könnte sich daraus der Name des bayerischen Kartenspiels »Schafkopf« entwickelt haben. Eine andere Theorie besagt, dass man früher auf den Deckeln (= Köpfen) von Fässern (= Schaff) spielte und sich daher der Name ableitet.

Die Bayerische Formel ist eine Formel zur Umrechnung von Schulnoten, die man für Hochschulzugangszeugnisse und für internationale Leistungsanerkennungen verwendet. Sie wird auch zur Umrechnung von im Ausland erworbenen Noten in das deutsche Notensystem herangezogen.

Curd Jürgens hieß eigentlich Curd Gustav Andreas Gottlieb Franz Jürgens. Er wurde in München-Solln geboren und spielte in 165 Firmen mit. In Neu-Ulm und München-Neuperlach sind sogar Straßen nach ihm benannt.

In Bayern gibt es 656 Brauereien – damit steht fast jede zweite deutsche Hopfenkaltschalenproduktionsstätte im Freistaat. Die meisten Braustätten zählt Oberfranken (36 Prozent), gefolgt von Oberbayern (25 Prozent) sowie Schwaben (11 Prozent). Und es wird auch die größte Auswahl produziert – insgesamt sind mehr als 4100 unterschiedliche Biere erhältlich.

Michael »Bully« Herbig bekam seinen Spitznamen in der Schulzeit von einem Lehrer verpasst, weil er als Fan des FC Bayern München oft ein Trikot trug mit dem Sponsorenaufdruck »Magirus Deutz«. Der Slogan des Fahrzeugherstellers lautete: »Die Bullen kommen«. Im Jahr 2008 ließ sich Herbig den Begriff »Bully« als Künstlernamen in den Pass eintragen.

Spielfeld im XXL-Format: Auf dem Campus der Technischen Hochschule Amberg-Weiden gab es im Sommer 2018 auf exakt 3816,145 Quadratmetern das größte menschliche Mensch-ärgere-Dich-nicht-Spiel der Welt. Die männlichen und weiblichen Figuren waren mit farbigen Leibchen und entsprechenden Schirmen ausgestattet.

In Deutschland gibt es 1 × die Bayerngasse, 2 × die Bayernallee, 10 × die Bavariastraße, 20 × den Bayernweg und 155 × die Bayernstraße.

Auf dem Grund des Königssees liegt in 130 Meter Tiefe ein VW Käfer. Am 28. Januar 1964 fuhr ein Mann trotz Verbot auf dem zugefrorenen See bis St. Bartholomä, um seine Partnerin zu besuchen, die im dortigen Gasthof arbeitete. Auf dem Rückweg gab vor der Falkensteinwand die nicht zur Befahrung freigegebene Eisdecke nach und das Auto versank samt Fahrer im Wasser.

Glei foid da Watschnbam um! In Bayerns Wäldern stehen rund fünf Milliarden Bäume.

Das Wappen von Füssen besteht aus drei schwarzen Beinen – der Name tauchte erstmals Ende des 12. Jahrhunderts als Fuzin oder Fießen auf. Hier wird auch klar, was für den Schwaben »Fuaß« bedeutet: Er versteht darunter das gesamte Bein – von den Zehenspitzen bis zum Oberschenkel.

Walking liegt im Landkreis Rottal-Inn. Der Ort hat seinen Namen nicht von den vielen seltsam herumstöckelnden Nordic Walkern, sondern von fleißigen Händen, die damals Kleidungsstücke gereinigt, also »gewalkt« haben.

Über 1400! So viele Museen wie in Bayern gibt es sonst nirgendwo in Deutschland. Gell do schaugst!

Quer über die Autobahn: Das Rasthaus Frankenwald an der A 9 bei Hof war Deutschlands erste Brückengaststätte und wurde 1967 in Betrieb genommen. Sie ist der gastronomische Teil der beiden gegenüberliegenden Autobahnraststätten Frankenwald West und Frankenwald Ost.

Am 29. April 1869 führte Bayern per Gesetz zum Jahreswechsel 1872 das metrische System ein. Der bayerische Fuß wurde hierbei auf 29,1859206 Zentimeter festgelegt.

Der Sternekoch Alfons Schuhbeck begleitet und bekocht mit seinem Team seit rund 30 Jahren die Fußballmannschaft des FC Bayern bei internationalen Spielen im Ausland. Mister Cook sorgt vor und nach dem Spiel für volle Leistung – mit Eiweiß, Vitaminen und Kohlenhydraten.

In Coburg gibt es das Autohaus Räder.

Schwer(t) in Ordnung! Der bayerische Schluckspecht Franz Huber platzierte sage und schreibe 28 Klingen nebeneinander in seiner Speiseröhre und erreichte damit einen neuen Weltrekord im Schwertschlucken. Ein einschneidendes Erlebnis!

Ein Bauer kommt zur Polizeiwache. »Griaß Good, i mecht nur meldn, dass mei Esl gestern gschdorm is.« Polizeibeamter: »Na und?« Bauer: »I ho nua dengt, de engstn Verwandtn sollt i scho verständign ...«

München ist, wenn ein Parkplatz mehr pro Stunde verdient als du ...

Es gibt zwölf bayerische Jakobswege.

Stuss mit lustig! Weil sich ein Jurastudent in Eichstätt durch blaue Parkplatzschilder mit der Aufschrift »Nur für Frauen« diskriminiert fühlte, musste die Stadt alles wieder abbauen. Kurz darauf stellte man erneut entsprechende Blechschilder auf – diesmal ganz in Rosa, mit weißer Schrift und dem neuen Text »Frauen – bitte freihalten«. Das kann man jetzt so oder so verstehen ...

Die ersten deutschen Sportstars der Nachkriegszeit: Der in Dachau geborene Hans-Jürgen Bäumler und Marika Kilius waren das erfolgreichste deutsche Eiskunstlaufpaar. Dreimal, als die beiden bei einem Wettbewerb auf Kufen standen, wurde sogar extra die Tagesschau verschoben.

Kuhrios! Weil die Saletalm am Südufer des Königssees und die Fischunkelalm am Südostufer des Obersees über das Gebirge nur sehr mühsam zu erreichen sind, wird das Almvieh per Boot transportiert – im Frühsommer hin und nach 100 Tagen zum Almabtrieb wieder zurück. Die rund 35 Kühe sind im gesamten Alpenraum die einzigen, die eine Stunde übers Wasser fahren.

Passau heißt auf Polnisch Pasawa, auf Tschechisch Pasov, auf Latein Batavia und auf Italienisch Passovia.

Fränkischer Zungenbrecher: A Mamaladenammala hamma zwar a ana dahamm, aba a Rhabarbamamalaad hamma kanna (Ein Marmeladeneimerchen haben wir zwar auch noch eines zu Hause, aber eine Rhabarbermarmelade haben wir keine).

Gundremmingen ist die einzige Stadt in Bayern, die ein Atomsymbol im Wappen hat.

Unter den sieben teuersten Städten Deutschlands befinden sich vier bayerische: Auf Platz sieben liegt Miesbach, auf Platz fünf Fürstenfeldbruck, auf Platz zwei Starnberg. Spitzenreiter ist und bleibt München – hier gehen 30 Prozent des Einkommens für die Miete drauf.

In Pfaffenhofen an der Ilm wohnen zehn Pfarrer und eine Familie Pfaff.

Das wohl letzte Bauwerk von Friedensreich Hundertwasser steht in Abensberg. Der 35,19 Meter hohe Kuchlbauer Turm wurde nach den Entwürfen des Künstlers errichtet, der noch während der Planungsphase verstarb. Die zwölf Tonnen schwere goldene Dachkugel hat einen Durchmesser von zehn Metern.

Da muss man spuren! In Bayern gibt es 278 Skigebiete mit insgesamt 670 Skiliften. Garmisch-Partenkirchen hat 17 – das sind die meisten Liftanlagen im Freistaat.

Geld aloa machd ned glücklich – du muaßt da scho a Bia davo kaffa!

49 *Der 49. Breitengrad verläuft mitten durch Dinkelsbühl. Es ist aber kein Breitengrad wie jeder andere – denn er markiert auch die vom elften amerikanischen Präsidenten James Knox Polk 1846 festgelegte schnurgerade und sehr markante Grenze zwischen den Vereinigten Staaten von Amerika und Kanada, und ist mit 2100 Kilometern die längste Grenze zwischen zwei Staaten weltweit.*

Ein echtes Original! Der Schrobenhausener Metzger Johannes Polzmacher hat den Bayerischen Döner erfunden: Im offenen Brezelfladen tummeln sich neben leckerem Leberkas noch Weißkrautsalat und Putenfleisch.

Das Grundgesetz aller bayerischen Brauer: Am 23. April 1516 verkündete Herzog Wilhelm IV. das Bayerische Reinheitsgebot, nachdem bei der Bierherstellung immer wieder gepanscht wurde und die Qualität zu wünschen übrig ließ: »Allain Gersten, Hopffen und Wasser genommen und gepraucht solle werden.« Es ist das älteste Lebensmittelgesetz der Welt.

In Bayern gibt es fünf Orte mit dem Namen Baiern.

Memmingen ist auch als Maustadt bekannt. Die Legende besagt, dass eines Tages Trunkenbolde nach dem Besuch des Goldenen Löwen sahen, wie sich der Mond (Mau) in einem großen Wasserzuber spiegelte. Sie riefen den Stadtfischer, um ihn herauszufischen …

Nur nichts auf die lange Bank schieben! Die längste Holzbank Deutschlands steht in der Gemeinde Dollnstein am Altmühltal-Panoramaweg. Sie wurde aus einem einzigen Douglasienstamm gefertigt und misst sagenhafte 36,5 Meter!

Im November 911 wurde Konrad I. in Forchheim von den Wahlmännern der Franken, Sachsen, Bayern und Schwaben zum ersten deutschen König gewählt.

Das »Boarische Meer«: Der Chiemsee liegt 518 Meter über dem Meeresspiegel und hat eine Uferlänge von 63,96 Kilometern. Er ist mit 77,86 Quadratkilometern der größte See im Freistaat.

Bessa zwoa Ring unta de Augn ois oa Ring am Finga!

Ur-oid: Das älteste bekannte Fossil des Urvogels Archaeopteryx wurde 2010 im Schamhauptener Steinbruch bei Ingolstadt gefunden – es soll 150 Millionen Jahre alt sein. Der spektakuläre Fund ist rund eine Million Jahre älter als die zehn vorher entdeckten Exemplare auf der Welt, bestätigten jetzt Münchner Paläontologen.

In den Statuten des Landesverbands Bayerischer Fingerhakler ist festgeschrieben, dass Frauen nicht hakeln dürfen – es ist eine reine Männersportart.

Die Entfernung von Pfaffenhofen an der Ilm zum Äquator beträgt 5377 km.

Bayrisch Blockmalz besteht aus Zuckerkaramell und Malzextrakt – jährlich werden von den drei bayerischen industriellen Produzenten rund 200 Tonnen der dunkelbraunen, malzig-süßen Bonbons hergestellt. Meine Stadt, meine Straße, mein Block!

41 Jahre lang lief die innerdeutsche Grenze mitten durch Mödlareuth. So kam der Ort zum Spitznamen »Little Berlin«.

Heute wohnen in Mödlareuth 16 Einwohner im Bundesland Bayern und 24 in Thüringen. Es gibt unterschiedliche Telefonvorwahlen, Postleitzahlen und Ortsschilder, die Einwohner wählen getrennt und besuchen sogar unterschiedliche Schulen.

Das stärkste Bier der Welt mit 57 % Alkohol wird im Freistaat gebraut – eine solche Maß von Schorschbräu aus Gunzenhausen kostet sagenhafte 602,50 Euro! Do muas ma schluggn!

In Neukirchen beim Heiligen Blut gibt es den Barfußpfad, die Kreuzwegstraße, die Pfarrerhöhe, den Sautriftweg, die Heiliggasse und den Höllkreuzweg.

Siebenhundertachtundfünfzig Meter über Normalnull: Marktoberdorf ist die höchstgelegene Kreisstadt Deutschlands.

Des isch a Schetzle! Dieter Schetz aus Immenstadt im Allgäu steht im Guinnessbuch der Rekorde mit dem kleinsten Zirkus der Welt. Im Zirkus Liberta gibt es seit 1982 nur Hühner, Enten, Gänse, Tauben, Ratten, Mäuse, Katzen und Hunde. Alles läuft bei den Tieren ohne Zwang – und ganz auf freiwilliger Basis.

Hier wird kräftig geböllert! Die Königlich privilegierte Feuerschützengesellschaft Haag 1247 im Altlandkreis von Wasserburg am Inn wurde im Hochmittelalter gegründet – und ist damit der älteste Verein Bayerns.

Angeschnauzt! Wilhelm Preuß aus Amberg in der Oberpfalz vom Ostbayerischen Bart- und Schnauzerclub ist Europameister in der Kategorie »Vollbart naturale mit gestylter Oberlippe«.

406 Kilometer! Der längste Fluss in Bayern ist der Main – dahinter folgt mit 380 Kilometern die gute alte Donau.

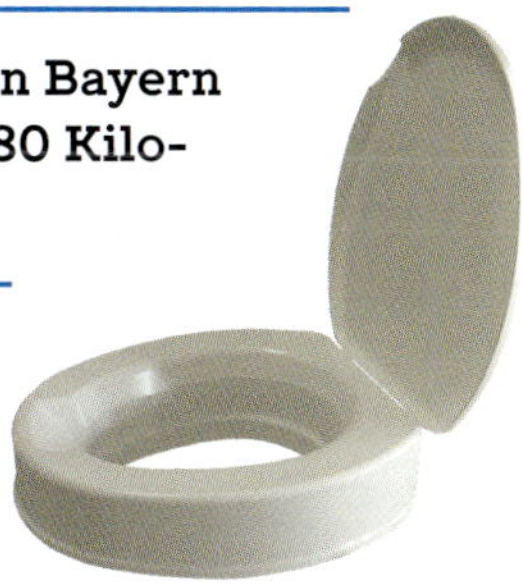

Nie hat man eine Brille, wenn man sie braucht! In Schrobenhausen gibt es acht »nette Toiletten«. Hier darf man in Cafés und Gaststätten kostenlos sein Geschäft verrichten, auch wenn man kein Kunde ist. Öffentliche Örtchen für jeden. Läuft!

36,4 Prozent der gesamten Fläche Bayerns sind mit Wald bedeckt. 5,9 Prozent Bayerns sind Berge.

Da macht es bumm! Gerd Müller ist Deutschlands erfolgreichster Stürmer aller Zeiten. Er schoss in 427 Bundesligaspielen 365 Tore – insgesamt erzielte »der Bomber der Nation« in allen seinen 1204 Pflicht- und Freundschaftsspielen sagenhafte 1455 Tore.

Als am 13. Juni 1886 König Ludwig nahe Schloss Berg im Starnberger See unter mysteriösen Umständen ertrank, hieß der See noch Würmsee. Auf dem Grund soll noch heute ein riesiges Ungeheuer, ein Lindwurm, leben.

Der Schiffer im Ruderboot, der den toten König im Wasser liegend fand, hieß Lidl. Mit im Boot saßen der Assistenzarzt Dr. Müller und der Schlossverwalter Huber.

Der vollständige Name des Märchenkönigs lautete: Ludwig II. Otto Friedrich Wilhelm von Wittelsbach, König von Bayern.

Ingolstadt hat mit 707 Fahrzeugen auf 1000 Einwohner die höchste Fahrzeugdichte Bayerns.

Witzige bayerische Ortsnamen: Ende, Muckenreuth, Hunger, Poppendorf, Motten, Aha, Sack, Schweinshaupten, Feucht, Prügel, Schmarrnzell, Pfaffendorf, Titting, Sauerhof, Vogelsang, Pumpernudl, Eisenhammer, Äpfelbach, Mausdorf, Ludersheim, Hundshaupten, Scheidegg.

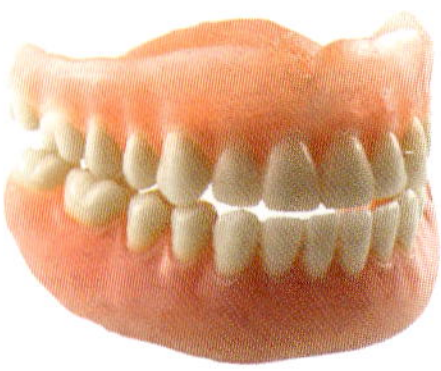

Auf dem Oktoberfest von 2019 wurden 4068 Fundsachen abgegeben – darunter ein Nummernschild, ein Gebiss sowie zwei identische Eheringe. Da hat es sich wohl jemand im ganzen Trubel noch mal anders überlegt …

Das südlichste Gebäude Deutschlands liegt in den Allgäuer Alpen – es ist die Mindelheimer Hütte auf 2058 Metern. Und der Badesee nördlich von Mindelheim heißt: Nordsee.

Da kann man einen fahren lassen: Neumarkt in der Oberpfalz hat 620 Straßen. Insgesamt gibt es 197 Kilometer Ortsstraßen, 26 Kilometer Gemeindeverbindungsstraßen sowie 320 Kilometer Feld- und Waldwege.

Doktor Schummelwago: Die Universität Bayreuth entzog im Februar 2011 dem ehemaligen Bundesminister der Verteidigung aufgrund einer Plagiatsaffäre um seine Dissertation den Doktortitel. Sein vollständiger Name lautet: Karl-Theodor Maria Nikolaus Johann Jacob Philipp Franz Joseph Sylvester Buhl-Freiherr von und zu Guttenberg.

Pelling liegt im Landkreis Traunstein. Auf Altbairisch ist es der Ausdruck für »Menschen, die zu Petto gehören« – es wohnte dort also einst die Familie vom Petto.

In Traunreut gibt es den Bestattungsdienst Leicher.

Die Hühner in Bayern legten im Jahr 2019 rund 90 Millionen Eier.

Spieglein, Spieglein an der Wand auf der Insel im Chiemsee: Der berühmte Spiegelsaal in Schloss Herrenchiemsee ist sagenhafte 98 Meter lang und 13 Meter hoch. Den 23 Rundbogenfenstern gegenüber sind 23 ebenso große Spiegel angebracht, die das Licht reflektieren. Im Raum befinden sich des Weiteren 33 riesige Deckenlüster sowie 44 Standkandelaber. Was das Energie kostet …

Bayerische Spezialitäten: Bergkas, Krapfn, Bier, Schupfnudln, Obazda, Brezn, Schaifala, Erdäpflsubbn, Zwetschgnkneedl, Schoppala, Gschnidna Hosn, Kaisaschmoan, Lebkoung, Nonnenfürzla, Rohrnudln, Kadzagschroa, Guglhupf, Schwaaß, Kadeiserla, Kliiß, Böfflamott, Radi, Zwiwwlblootz.

Das älteste bekannte Wappen von Illertissen zeigte 1488 unter anderem drei Disteln – die man als Tissen bezeichnete. So kam die Stadt an der Iller zu ihrem Namen.

Da wird parlamentiert! Das Alte Rathaus in Regensburg war das erste Parlamentsgebäude Deutschlands.

Schnellkurs Bairisch für Preißn und Zuagroasde: Bräßsoog (Presssack), Noagerl (der letzte Getränkerest), Fiass (Füße), Imoaschoaa (Ich meine schon auch), Jagatee (Rum mit Tee), Zamperl (kleiner Hund).

»De Woch fangt scho guat o!« – Der Ausspruch stammt von einem der bekanntesten bayerischen Räuber, Mörder und Rebellen: Mathias Kneißl. Direkt nach der Urteilsverkündung im Jahre 1902 (Tod durch das Fallbeil) entfuhr ihm dieser Satz. Weil sich Kneißl gegen die Obrigkeit aufgelehnt hatte, wurde er trotz seiner verbrecherischen Taten zum bayerischen Volkshelden – heute wird er als Werbeträger für Biere, Wirtshäuser und Wanderwege vereinnahmt.

Das bayerische Nordkap: Der nördlichste Punkt des Freistaats liegt im Landkreis Rhön-Grabfeld – mitten im Fladunger Streuwald. Die Koordinaten lauten: 50°33'53"N 10°7'14"E.

Die Gemeinde Lederhose liegt in Thüringen.

Bayern besteht aus insgesamt 2056 politisch selbstständigen Gemeinden.

Das Kloster Waldsassen besitzt die größte Kirchen- und Klostergruft Deutschlands sowie den umfangreichsten barocken Reliquienschatz nördlich der Alpen.

Das Oberbayerische Wappen besteht im oberen Viertel aus weiß-blauen Rauten – darunter befindet sich ein gekrönter Löwe mit Zähnen und jeweils vier Zehen und roten Krallen. Auf dem Bayerischen Staatswappen ist der Löwe zahnlos, hat keine Krone auf und besitzt nur noch jeweils drei Zehen. Zeh-fix!

FROMME HELENE

Wilhelm Busch kehrte in jungen Jahren gerne im Kloster Andechs ein. In seiner Bildergeschichte »Die fromme Helene« kann man darüber lesen: Hoch von gnadenreicher Stelle winkt die Schenke und Kapelle …

Nur für Leseratten! In Bayern gibt es rund 40 Zeitungsverlage sowie 381 Buchverlage. Damit ist der Freistaat nach New York Printstandort Nummer zwei auf der Welt.

Wenn es im Sommer in Bayern 14 Uhr ist, ist es in Nepal 17:45 Uhr.

1520/21 war der heute weltberühmte Bildhauer Tilman Riemenschneider Bürgermeister von Würzburg. Seine Skulpturen und Schnitzereien aus Lindenholz und Sandstein befinden sich in einem Radius von rund 100 Kilometern um die Stadt.

Im März 1996 erhielt der Asteroid 6145 den Namen Riemenschneider.

Die B 2 ist mit rund 850 Kilometern die längste Bundesstraße Deutschlands. Sie verläuft in Nord-Süd-Richtung – und die Hälfte der Strecke führt durch Bayern: von Hof über Bayreuth, Nürnberg, Schwabach, Roth, Donauwörth, Augsburg, München, Starnberg bis nach Mittenwald.

Scheiden tut weh. Der Europäische Wasserscheideweg läuft über 97 Kilometer von Ansbach nach Schnelldorf.

In Lengenfeld steht die Garage von Paul Osti exakt auf der Europäischen Wasserscheide – eine Dachhälfte entwässert in die Nordsee, die andere Richtung Süden zum Schwarzen Meer.

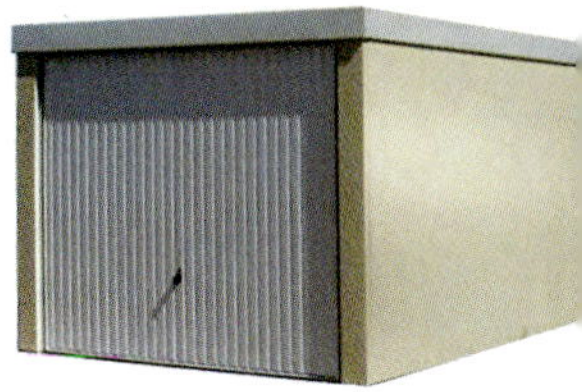

Füssen liegt an der Via Claudia Augusta, einst eine der wichtigsten Römerstraßen über die Alpen, die den schwäbischen Raum mit Norditalien verband.

Mit der »Dreigroschenoper« landeten der Augsburger Bertolt Brecht und der Komponist Kurt Weill einen Welterfolg. Das Werk wurde innerhalb von fünf Jahren über 10 000-mal in Europa aufgeführt und in 20 Sprachen übersetzt. »Mackie Messer«, das erfolgreichste Lied daraus, wurde zum Welthit und bis heute von über 200 Musikern gecovert.

Garmisch-Partenkirchen ist die einzige Gemeinde in Deutschland, die Verwaltungssitz eines Landkreises ist, ohne selbst Stadt zu sein.

Das Wappen von Jachenau zeigt eine ertrinkende Gämse.

Im Jahr 2016 wurde »Käthe Kruse« als Marke des Jahrhunderts ausgezeichnet. Ihre handgefertigten Puppen, zuerst aus Kösen, dann aus dem schwäbischen Donauwörth, wurden weltberühmt. Käthe Kruses Leitspruch war: »Die Hand geht dem Herzen nach. Nur die Hand kann erzeugen, was durch die Hand wieder zum Herzen geht.«

Ein Bayer hat das Elfmeterschießen erfunden. Friseur Karl Wald aus Penzberg ärgerte sich immer, wenn bei Fußballspielen nach Verlängerung der Zufall entscheiden musste, wer gewinnt. Losentscheid oder Münzwurf waren für den Hobbyschiedsrichter keine gerechte Lösung. 1970 wurde die neue Regel vom Bayerischen Fußball-Verband verabschiedet, wenig später übernahmen dann der DFB, die UEFA und die FIFA die Neuheit.

Bei der Fußball-EM 1976 in Jugoslawien wurde zum ersten Mal ein Finale im Elfmeterschießen entschieden. Die ČSSR wurde gegen Deutschland Europameister, weil Uli Hoeneß als letzter Spieler verschoss – ein Bayer!

12! Wunsiedel liegt auf demselben Längengrad wie Kopenhagen, Venedig und Rom.

8000 Sitzplätze! Der größte Biergarten Bayerns ist der Königliche Hirschgarten in München.

Ganz schön merk-würdig! Hans Bauer aus Sparneck hält den Weltrekord mit den meisten gewussten Geburts- und Sterbedaten von berühmten Persönlichkeiten innerhalb einer Stunde. Das 80-jährige Gedächtniswunder gab insgesamt 859 Lebensdaten korrekt wieder. Eine reife Leistung!

Der Bau der Walhalla auf dem Bräuberg am Ufer der Donau dauerte zwölf Jahre. Der Ruhmestempel wurde am 18. 10. 1842 von König Ludwig I. eröffnet – architektonisches Vorbild war der Tempel des Parthenon in Athen. Nach oben führen insgesamt 358 Treppenstufen.

Walhall ist in der germanischen Mythologie die Wohnstatt der gefallenen Krieger. In der zehn Kilometer vor den Toren Regensburgs gelegenen Walhalla werden berühmte Personen geehrt, die in der Geschichte der Germanen und Deutschen bedeutende Taten vollbrachten. Aktuell befinden sich 130 Büsten und 65 Gedenktafeln in der Ruhmeshalle.

A Preiß und a Schdorch ham drei Sachan midnand: an groußn Schnawe, a gloans Hirn und an Drang nachm Südn.

Oberpfälzer Zungenbrecher: Mou kum rou un lou en Rollou rou (Mann komm herunter und lass den Rolladen herunter).

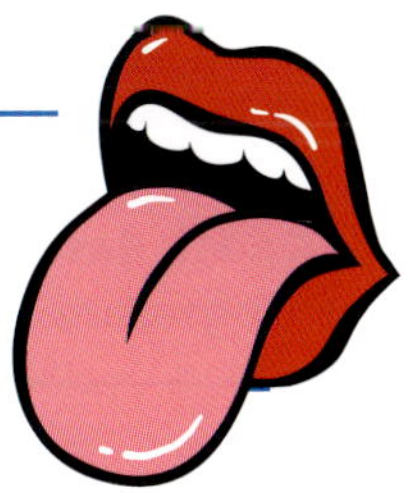

Weltrekord! Optiker Robert Wimmer aus Nürnberg wetzte in nur zehn Tagen 930 Kilometer durch Deutschland, von Wilhelmshaven bis auf die Zugspitze. Nur ausgestattet mit Schlafsack, Minizelt und Nahrungsbeutel in einem einachsigen Anhänger, den er am Bauch befestigt hinter sich herzog. Der Franke gewann 2003 auch den längsten Lauf der Menschheitsgeschichte: von Lissabon nach Moskau, 5036 Kilometer in 64 Tagen. Läuft bei ihm!

828 Kilometer: Die längste Grenze hat Bayern zu Baden-Württemberg, gefolgt von der 818 Kilometer langen Grenze zu Österreich.

Mo oda Wei üba Bord! Das »Münchner Manöver« ist beim Segeln eine Alternative zum klassischen Wendemanöver, um jemand schnellstmöglich aus dem Wasser zu retten. Die Aktion ist einhandtauglich und daher auch von kleinen Crews durchführbar.

Wer d' Liab fiers beste Gfui hoit, der war no nia nach acht Hoibe biesln!

So an Schmai! Das Schnupftabakmuseum Grafenau ist das einzige weltweit – hier befindet sich auch das größte Schnupftabakglas der Welt: 32 Kilogramm schwer und 70 × 45 Zentimeter groß.

Waldrioh! Im Freistaat gibt es acht markante Wald- und Naturgebiete: Frankenwald, Fränkische Schweiz, Fichtelgebirge, Oberpfälzer Wald, Bayerischer Wald, Bayerische Alpen, Steigerwald und Rhön.

Freising heißt auf Spanisch und Italienisch Frisinga, auf Slowenisch Brîžinje und auf Französisch Frisingue. Früher nannten die Einheimischen den Ort schon Frigisinga, Freisingen und Freysing.

LUISENBURG FESTSPIELE WUNSIEDEL

Das älteste Freilichttheater Deutschlands befindet sich im Fichtelgebirge bei Wunsiedel. Die Luisenburg-Festspiele finden jedes Jahr direkt vor der Felsenkulisse des größten Felsenlabyrinths Europas statt.

Der Architekt des von der NSDAP 1938 errichteten Kehlsteinhauses am Obersalzberg hieß Fick.

Der bayerische Jurist und Astronom Johann Bayer führte 1603 in seinem Sternatlas Uranometria die sogenannten Bayer-Bezeichnungen ein – bis heute wird dieses System zur Benennung von Sternen international verwendet. Es besteht aus einem griechischen Buchstaben, der die Helligkeit beschreibt, gefolgt vom Genitiv des lateinischen Namens des Sternbilds.

In Deutschland gibt es 20 Zeppelinsteine – und drei davon in Bayern: bei Kißlegg, Niederviehbach und Reinersreuth. Es sind große Findlinge mit Inschrift, die an eine Landung, eine Überfahrt oder an ein Unglück mit einem Luftschiff erinnern. Solche Gedenksteine wurden vor allem zu Zeiten großer Zeppelinbegeisterung vor und während des Ersten Weltkrieges aufgestellt.

Es gibt sogar einen Zeppelinstein in der Stadt Zepelin.

In Bayreuth gibt es das Bestattungsinstitut Himml. Es ist das älteste der Stadt. Der Inhaber heißt Christ.

Der Drachenstich in Furth im Wald ist das älteste Volksschauspiel Deutschlands und erzählt die Geschichte der Stadt im Mittelalter. Am Festumzug nehmen fast 300 Pferde und über 1000 einheimische Mitwirkende in Originalkostümen teil.

15,5 Meter lang. 11 Tonnen schwer. 2,3 Millionen Euro teuer. Der aktuelle Drache ist seit 2010 im Einsatz – es ist der größte vierbeinige Laufroboter der Welt. Das Tier kann 1,8 Stundenkilometer schnell gehen, Kopf und Schwanz bewegen sowie fünf Meter weit Feuer und Rauch spucken. Es wird von den Furthern Fanny genannt.

In Ingolstadt gibt es das Floristik- und Blumengeschäft Unkraut.

Ach good! Mit 1030 Metern entsteht über dem Höllental in Oberfranken über dem Flusstal der Selbitz die längste Hängebrücke der Welt. Fertigstellung und Eröffnung sind für Ende 2021/Anfang 2022 geplant.

Köln liegt mitten im Freistaat – im bayerischen Inntal.

Das Bodenlose Loch befindet sich bei Diebach im Landkreis Ansbach. Die kreativ benannte Karstquelle sieht aus wie ein kleiner Teich und schüttet rund 70 Liter Wasser pro Sekunde aus. Hier sollen Meerjungfrauen wohnen, wie es auch im Wappen der Gemeinde zu sehen ist.

In Bayern gibt es 31 478 Restaurants und Gaststätten.

Fiesta Mexicana! Schlagersänger und Schauspieler Rex Gildo hieß mit bürgerlichem Namen Ludwig Franz Hirtreiter. Hossa!

Schwabenweber: 1488 beschloss der Rat der Stadt Nürnberg, schwäbische Weber anzuwerben, um dem Textilgewerbe einen Aufschwung zu verschaffen. So ließ man auf dem verfüllten inneren Stadtgraben sieben Häuserzeilen errichten und nannte die Gegend Schwabenberg. Die sieben Zeilen waren eine der ersten Arbeitersiedlungen Deutschlands.

Bayerische Ortsnecknamen: Eichstätter Sausackschleifer, Bamberger Zwiebeltreter, Günzburger Gänskrägn, Würzburger Mainbrunzer, Bodenmaiser Kropfede, Coburger Residenzler, Breitenbacher Säustecher, Hammelburger Waddelich, Lichtenfelser Dümpelschöpfer, Regenstaufer Blitzer, Sommerhauser Sandhasen, Illertisser Randschdoischlotzer.

Bayer – so heißt ein Einschlagkrater im südwestlichen Quadranten auf dem Mond, mit einem Durchmesser von 49 Kilometern.

Freilassing hieß bis 1923 Salzburghofen. Das Wappen zeigt unter anderem ein freigelassenes Pferd.

Pfiat di Bavaria, griaß di Ameriga! Im Verlauf des 19. Jahrhunderts wanderten rund 500 000 Bayern in die USA aus. Etwa die Hälfte davon verließ das Land illegal, ohne Genehmigung der Behörden. Viele siedelten im sogenannten German Belt – ein Landstrich im Mittleren Westen, der sich über die Staaten Michigan, Wisconsin, Minnesota, North und South Dakota, Nebraska und Iowa erstreckt.

Gründe der Völkerwanderung waren unter anderem die gescheiterte Märzrevolution, Flucht vor dem Militärdienst, die Teuerung, die hohe Arbeitslosigkeit, hohe Gebühren und Abgaben aller Art an den Adel.

Ja leck! In Berchtesgaden befindet sich das älteste noch aktive Salzbergwerk Deutschlands.

Wer rächd hod, zoid a Maß!

Nach Ansicht der »Saupreißn« sind die typischsten männlichen bayerischen Vornamen Alfons, Alois, Barthl, Beppo, Fips, Fredl, Gustl, Hias, Jockl, Loisl, Poldi, Sepp, Schorsch, Toni, Veit, Vinz, Wastl und Xaver.

Bayerns höchstgelegener See ist der Eibsee auf 1000 Metern – am Fuße der Zugspitze.

Unter den jährlich rund vier Millionen verkauften Christbäumen liegt mit einem Marktanteil von zwei Dritteln die Nordmanntanne auf Platz eins.

Bayern verbuchte im Jahr 2019 rund 100 Millionen Übernachtungen – davon 61 Prozent im Sommer und 39 Prozent im Winter.

Im baden-württembergischen Ulm dürfen keine Enten gefüttert werden – auf der anderen Seite der Donau, im bayerischen Neu-Ulm, dagegen schon.

Tussenhausen im Landkreis Unterallgäu präsentiert auf seinem Wappen einen Esel mit Krone.

Da bleibt einem ja die Luft weg! Heike Schwerdtner aus Regensburg hält den deutschen Rekord im Apnoetauchen. Die bayerische Wasserratte hat einen besonders langen Atem und kann sage und schreibe 6 Minuten und 31 Sekunden unter Wasser die Luft anhalten. Blubb.

Von den weltberühmten Playmobilfiguren aus Zirndorf gibt es mittlerweile weltweit rund drei Milliarden Stück. Nasen und Ohren fehlen – dafür haben alle Figuren ausnahmslos ein Lächeln im Gesicht.

Gaymobil: Weil der Verband der Schwulen und Lesben mehr homofreundliches Spielzeug forderte, antwortete der Pressesprecher von Playmobil: »... Trotz aller Sorgfalt können wir leider nicht bei der Gestaltung eines jeden Spielzeugs allen Ansprüchen gerecht werden ... Als Entschädigung schenken wir allen Muslimen ein kostenloses Dönerbuden-Spielset und allen Schwulen ein kostenloses Einhorn-Set ... und danken für das Verständnis!«

Im Bamberger Bahnhof gibt es kein Gleis mit der Nummer 7 – das siebte Gleis trägt die Nummer 8.

Im 18. Jahrhundert existierte in Schwaben eine Spatzensteuer. Die Vögel galten als Schädlinge und jeder Bürger musste pro Jahr mindestens zwölf lebende Spatzen abgeben – oder zwölf Kreuzer zahlen. Für jedes Tier bekam man einen halben Kreuzer »Abwrackprämie«.

Der wohl ungewöhnlichste bayerische Ortsname lautet Xyger. Die Einöde im Landkreis Dachau in der Gemeinde Altomünster liegt in einer Senke – und leitet sich ursprünglich vom Begriff Gsiger ab, was »sumpfiger Ort« bedeutet bzw. »an einer Senke gelegen«.

Bischofsheim an der Rhön ist Mitglied der weltweiten Bewegung Cittàslow – mit dem Ziel: Verbesserung der Lebensqualität, Regionalität sowie Entschleunigung in Städten.

Bombig: Der Antikriegsfilm »Die Brücke« wurde 1959 in Cham gedreht – Drehorte waren unter anderem die Innenstadt, das Gelände des Joseph von-Fraunhofer-Gymnasiums sowie die 1991 abgerissene alte Florian-Geyer-Brücke.

Luja sog i! Papst Benedikt XVI. wurde geboren als Joseph Aloisius Ratzinger.

Baumstark! Bei Bad Kötzting steht einer der ältesten Bäume Deutschlands. Die Wolframslinde ist rund 870 Jahre alt und wurde nach dem mittelalterlichen Minnesänger Wolfram von Eschenbach benannt. Dieser erwähnte in seinem Werk »Parzival« die nahe Burg auf dem Haidstein als Aufenthaltsort einer geheimnisvollen Markgräfin.

Bertolt Brecht wurde 1898 als Eugen Berthold Friedrich Brecht in Augsburg geboren – und wurde in jungen Jahren Eugen gerufen.

In Heigenbrücken bei Aschaffenburg steht im Kalten Grund der höchste Baum des Freistaats – er misst 62,55 Meter. Der älteste Baum Bayerns befindet sich auf dem Burgberg in Castell bei Kitzingen. Man schätzt das Alter der Gerichtslinde auf rund 1000 Jahre.

Oberbairischer Zungenbrecher: Oa Zwetschgn im Batz dadatscht und oa im Batz dadatschte Zwetschgn gaabatn zwoa batzige dadatschte Zwetschgn und an batzign Zwetschgndatschi (Eine Zwetschge zu Brei zerdrückt und eine im Brei zerdrückte Zwetschge ergeben zwei breiig zerdrückte Zwetschgen und einen breiigen Zwetschgenkuchen).

Hastehaschischindentaschnhasteimmerwaszunaschen: In Bad Abbach-Heidfeld (Landkreis Kelheim) fanden den Archäologen die wahrscheinlich älteste Haschischpfeife der Welt. Vor rund 3500 Jahren soll in dem tönernen Kopf mit hölzernem Saugrohr Schlafmohn oder Hanf geraucht worden sein.

Der Königssee gilt als der sauberste See Deutschlands. Er hieß früher Kunigsee, Chunigesee und auch Bartholomäsee.

Samba Brasil: Das größte Samba-Festival außerhalb Brasiliens findet jedes Jahr in Coburg statt – mit rund 3000 Teilnehmern, verteilt auf 100 Sambagruppen, und 200 000 Zuschauern.

Besuchermagnet Nummer eins in Bayern ist Neuschwanstein – das Märchenschloss besuchen rund 1,5 Millionen Gäste pro Jahr.

Die Marienbrücke hinter Schloss Neuschwanstein wurde 1866 komplett aus Eisen gebaut und führt in 90 Meter Höhe über die Pöllatschlucht. Der Name des Wildbachs leitet sich vom keltischen »Bellat« ab und bedeutet »donnernder Bach«.

Im »Boarischen Leberkas« ist weder Leber noch Käse.

Diese Bayeln feieln wie vellückt. In Dietfurt gibt es den einzigen Chinesenfasching des Freistaates. Jeweils am letzten Donnerstag in der Faschingszeit wird er groß gefeiert – der Festzug startet um 13:61 Uhr und nach der Proklamation des Kaisers geht es in den Wiltshäuseln so lichtig lund …

Hofheim in Unterfranken hat 1222 Einpendler und 1222 Auspendler.

Mit i oder mit y? Die Schreibweise »Bairisch« bzw. »bairisch« wird verwendet, wenn es um den sprachlichen Kontext geht. Bairisch meint also bairische Mundart, die übrigens nicht nur in Bayern zu finden ist. Daneben kennt man in Bayern noch weitere Dialekte, wie beispielsweise Fränkisch oder Schwäbisch. »Bayerisch« hingegen ist ein geografischer Begriff und bezieht sich auf ein abgegrenztes Gebiet – den Freistaat Bayern.

In Bayern erfolgen 15 Prozent der Scheidungen nach 25 Ehejahren.

Seit dem Jahr 1892 in Betrieb! Die älteste durchgehend bewirtschaftete Sennerei Bayerns ist die Sennerei Gunzesried. Dort wird die gesamte Milch des Gunzesrieder Tals direkt vor Ort zu Butter und Käse weiterverarbeitet (versennt).

Auf den 448 Campingplätzen in Bayern übernachteten 2019 rund 6,1 Millionen Gäste.

Der, die, das – wieso, weshalb, warum? Im Bairischen gibt es keine Artikel. Stattdessen kommt der Buchstabe a zum Einsatz: a Haxn, a Hoiwe, a Anddn, a Radl, a Brezn. Bassd ollaweil!

Dirndl heißt auf Arabisch fustan drandil, auf Bulgarisch stava duma za tirolskite, auf Chinesisch Shàonǚ zhuāng, auf Portugiesisch enorme saia franzida, auf Japanisch Diandoru, auf Koreanisch yeoja os, auf Slowakisch dámske šaty, auf Spanisch falda acampanada und auf Türkisch üstü dar altı geniş elbise.

An der Stelle im Starnberger See, wo König Ludwig I. am 13. Juni 1886 den Tod fand, steht seit 1986 ein zwei Meter hohes Kreuz aus Teakholz. 1918 hatte man ein eisernes Gedenkkreuz errichtet. Ganz früher flatterte dort im Wasser nur ein kleines Fähnlein im Wind.

430 000 Quadratmeter Gesamtfläche. 185 000 Quadratmeter Nutzfläche. 27 Rutschen. 750 Angestellte. 1,77 Millionen Besucher pro Jahr. In Erding befindet sich die größte Therme der Welt.

In Bayern werden über 4000 verschiedene Biermarken gebraut.

Gell, do schaugst! Die Bayerische Staatsbibliothek ist mit mehr als 45 000 Zeitungen und Zeitschriften die größte Zeitschriftenbibliothek Deutschlands.

Schwarzer Humor: Mitte 2014 hatte die SPD-Zeitung »Vorwärts« den Kabarettisten Dieter Hildebrandt zu ihrem Sommerfest eingeladen – der Mitbegründer der Münchner Lach- und Schießgesellschaft und Kopf der Sendung »Scheibenwischer« war jedoch bereits am 20. November 2013 in München verstorben. Die Witwe kreuzte auf der Fax-Anmeldung ordnungsgemäß das Feld an: »Nein, ich kann leider nicht kommen«.

In Kaufbeuren gibt es die Fahrschule Folter.

We only speek Fränggisch. Die erste deutsche Ansiedlung in Nordamerika wurde 1686 von einem Franken gegründet. Franz Daniel Pastorius aus Sommerhausen wirkte in Germantown außerdem als Gemeindevorsteher, entwarf das Wappen und unterrichtete als Lehrer.

Das ist ja kaum zu fassen! Das größte mundgeblasene Weißbierglas der Welt wurde im Joska Glasparadies in Bodenmais gefertigt. Es ist 107 Zentimeter hoch, wiegt zehn Kilo und hat ein Fassungsvermögen von 65 Litern.

Das Gasthaus Röhrl in Eilsbrunn im Landkreis Regensburg ist seit dem Jahr 1658 in Betrieb – und damit das älteste Wirtshaus Bayerns und der Welt.

Der Durchschnittsbayer ist 178 Zentimeter groß, wiegt 83,60 Kilogramm und hat einen BMI von 26,5. Bayerische Frauen sind im Schnitt zwölf Zentimeter kleiner, wiegen 67,5 Kilogramm und haben einen Body-Mass-Index von 24,8.

Glaab mas! Im Regensburger Dom befindet sich die größte frei hängende Orgel der Welt mit 5871 Pfeifen. Das silbern glänzende, 18,5 Meter hohe und 9 Meter breite Weltrekordinstrument hängt an nur vier Seilen von der Decke und hat ein Gesamtgewicht von 37 Tonnen. Der Organist fährt von unten mit einem gläsernen Lift direkt mitten in die Orgel.

Iller, Lech, Isar und Inn fließen rechts zur Donau hin – Wörnitz, Altmühl, Naab und Regen kommen ihr von links entgegen.

Das ist ein bayerischer Bierstein. Einfach in die Luft werfen – fällt er zu Boden, ist es Zeit, ein Bier zu trinken ...

Der kleine Seppl zur Mama: »Irgendwer hot grad aufn Wohnzimmadebbich gschissn. Da Hund woas ned!«

Es gibt in Bayern 2627 Kilometer Autobahn. Und 42 000 Kilometer Überlandstraßen.

Witzige bayerische Vereinsnamen: Weiß-Blau Petting, ESV Nürnberg Rangierbahnhof, Katholischer Männerverein Tuntenhausen, SpVgg Oberkotzau, SV Zapfendorf, Rote Raben Vilsbiburg, Marinekameradschaft München.

In Bayern gibt es 598 Naturschutzgebiete.

Der Name Balderschwang geht auf einen Bauern namens Balder zurück, der im 14. Jahrhundert die Gegend geschwendet (gerodet) haben soll.

Balderschwang hat auf 1044 Metern den am höchsten gelegenen Ortskern Deutschlands und ist der Ort mit der größten Niederschlagsmenge im Jahr: 2450 Liter pro Quadratmeter.

Mia san mia, mia san stärker wia a Stier, mia san stärker wia de Bam, weil ma echte Bayern san.

300 Plätze! Bayern hat die höchste Golfplatzdichte in Deutschland. Da koost gscheid eilochn!

Wuisd a Schelln? Schellenschmied Kilian Trankle aus Pfronten-Heitern produziert bereits in fünfter Generation Kuhschellen. Nach rund 1000 Hammerschlägen sind die gewölbten Hälften der Schelle aus Stahlblech geformt – dann geht's der Kuh an den Kragen ...

Der Planetenweg zwischen Georgensgmünd und Spalt bildet auf einer Strecke von sieben Kilometern unser gesamtes Sonnensystem ab – im Maßstab 1 : 1 Milliarde: von der Sonne mit 1,4 Meter Durchmesser vor dem Georgensgmünder Rathausplatz bis zum 2,3 Zentimeter großen Planeten Pluto, der sich in Spalt am Bahnhof befindet. Ein Meter Wegstrecke entspricht einer Million Kilometer.

Das Wappen von Bayerisch-Schwaben zeigt im oberen Drittel einen Doppeladler mit ausgebreiteten Flügeln. Es sieht so aus, als steckten die dünnen Arme des Adlers wie bei einem Puppenspieler jeweils in einer schwarzen Pferdchenfigur eines Schachspiels.

Der erste Neckermann-Katalog im März 1950 umfasste zwölf Seiten, bot 133 Textilartikel an und hatte eine Auflage von 100 000 Stück. Der in Würzburg geborene und auch als Dressurreiter international erfolgreiche Josef Neckermann gab dem ersten Katalog die Nummer 119, um so eine lange Versandhaustradition vorzutäuschen.

Mit der Mine eines Bleistiftes kann man eine Linie von 59 Kilometer Länge ziehen. Das entspricht in etwa der Distanz zwischen Erding und Prien am Chiemsee.

In München gibt es den Verein der Badener. Er wurde 1894 gegründet und ist einer der ältesten Vereine der bayerischen Landeshauptstadt.

Der FC Bayern München ist mit rund 295 000 Mitgliedern der größte Verein der Welt. Und er hat international 4500 Fanclubs mit insgesamt 359 428 Mitgliedern.

Während der letzten Eiszeit lag das Gebiet rund um Murnau am Staffelsee unter einer 550 Meter hohen Eisdecke.

Ordi but Goldie: Im Dominikanerinnen-Kloster im niederbayerischen Niederviehbach starb Mitte Mai 2019 die wohl älteste Ordensfrau Deutschlands. Schwester Konrada erlebte zwei Weltkriege und zehn verschiedene Päpste. Sie wurde 110 Jahre alt.

Einzigartig in Bayern: Als einziger Kurort verfügt Bad Gögging über drei staatlich anerkannte Naturheilmittel: Mineral-Thermalwasser, Schwefelwasser sowie Naturmoor. Das Wappen von Bad Gögging zeigt zwei Badescheffel, wobei der im Wappen oben dargestellte die römische Badeepoche repräsentiert, der untere die mittelalterliche.

Im gesamten Freistaat gibt es rund drei Millionen Rindviecher – Menschen nicht mit eingerechnet.

Zungenbrecher aus Bayerisch-Schwaben: Schelledse net an sellera Schell, sell Schell schelld net! Schelledse an sellera Schell, sell Schell schelld! (Klingeln Sie nicht an dieser Klingel, diese Klingel klingelt nicht! Klingeln Sie an dieser Klingel, diese Klingel klingelt!)

Schabernack liegt im Landkreis Aschaffenburg. Der Ortsname leitet sich von einem bewaldeten Bergrücken ab, der einst zur Holzgewinnung genutzt wurde. Nach der Rodung sah die Anhöhe aus wie ein geschabter Nacken.

Das ist der Wipfel! Der 1,3 Kilometer lange Baumwipfelpfad bei Neuschönau im Bayerischen Wald ist der längste der Welt.

Die bayerische Landesgrenze hat eine Länge von 2705 Kilometern – der längste Grenzabschnitt mit 828 Kilometern besteht mit Baden-Württemberg, der kürzeste am Bodensee mit 19 Kilometern mit der Schweiz.

Das Nürnberger Christkind wird alle zwei Jahre neu gewählt. Es muss aus Nürnberg kommen, schwindelfrei, mindestens 160 Zentimeter groß, zwischen 16 und 19 Jahre alt und – weiblich sein.

In Nördlingen gibt es den Friseursalon Gülle.

Bairische Bezeichnungen für bestimmte Personen: Ruamzuzla (besonders langsamer Zeitgenosse), Soachheini (Schwächling), Fetznschädl (Person mit wirren Gedanken), Gschafdlhuaba (Wichtigtuer), Schnoindreiba (Zuhälter), Doagaff (unentschlossener Mensch), Ruach (geiziger Typ), Gscheidhaferl (Besserwisser), Reabeidl (Heulsuse), Zwiderwurzn (ewige Grantlerin).

Während der Fußball-WM 2006 schlugen sieben Nationalmannschaften im Bayerischen ihre Zelte auf: Argentinien in Herzogenaurach, Ecuador in Bad Kissingen, Ghana in Würzburg, Kroatien in Bad Brückenau, Paraguay in Oberhaching, Togo in Wangen im Allgäu und Tunesien in Schweinfurt.

Viel Lern um nichts! Das Nürnberger Melanchthon-Gymnasium ist das älteste in Bayern – es existiert seit 1526.

»Ich kenne meine Pappenheimer!« Die Bemerkung des Feldherrn Albrecht von Wallenstein in Schillers Drama »Wallensteins Tod« bezog sich auf die Treue des Pappenheimer Regiments ihm gegenüber – und war mit dem Unterton gemeint: »Ihr wendet euch sicher nicht gegen mich!« Im Laufe der Zeit bekam das Zitat jedoch eine andere, ironische Bedeutung, im Sinne von: »Ich kenne meine Spitzbuben.«

Fast schon eine Muuuhmie: Rekordkuh »Liebe«. Die älteste Milchproduzentin Bayerns mit aktuell 23 Jahren steht in Attenhausen bei Krumbach in Schwaben im Stall und auf der Weide.

40 Millionen Besucher pro Jahr! Der Tourismus in Bayern feiert immer neue Rekorde. Aus den Niederlanden, Österreich und den USA kamen 2019 die meisten Touristen ins beliebteste Reiseziel in Deutschland. Die Gäste gaben rund 95 Milliarden Euro aus.

In Antdorf in Oberbayern wurde im Mai 2019 ein neuer Weltrekord aufgestellt – der Trachtenverein D'Waxnstoana organisierte den weltgrößten Schuhplattler. 1312 Burschen aus der Region konnten nach getaner Plattler-Arbeit jubeln, denn sie stehen jetzt im Guinnessbuch der Rekorde.

Kuriose Straßennamen: In Regensburg gibt es die Straße Zur schönen Gelegenheit, in Passau den Prügelweg, in Geisenfeld den Promilleweg und in Landsberied den Strullerweg.

100 Meter hohe Felswände: Die Breitachklamm in den Allgäuer Alpen bei Oberstdorf ist die tiefste Schlucht Deutschlands.

Über den Gipfel des Bscheißer verläuft die Grenze zwischen Deutschland und Österreich. Der Berg in den Allgäuer Alpen wurde bereits im 16. Jahrhundert als »Scheißer in Spiz« und später als »Scheißer Kopf« bezeichnet – weil immer wieder mit herabschießendem Geröll und Erdlawinen zu rechnen ist.

15 Stunden und 11 Sekunden! Die Bayerin Andrea Wittmann hält den Weltrekord im Dauerjodeln. Jodelegsdinieder!

Patrona Bavariae: Als Schutzheilige Bayerns wird Maria, die Gottesmutter Jesu, verehrt.

Die 1850 von Ludwig I. enthüllte Figur der Bavaria vor der Münchner Ruhmeshalle ist die erste Kolossalfigur der europäischen Kunstgeschichte seit der Antike. Sie hat eine Höhe von 18,5 Metern; mit Sockel ist sie sogar 27,4 Meter groß.

Die am 7. November 1638 eingeweihte 14 Meter hohe Mariensäule mit der vergoldeten Statue aus Bronze gab dem zentralen Platz der Münchner Innenstadt auch seinen Namen: Marienplatz.

Der Riedbergpass im Landkreis Oberallgäu zwischen Obermaiselstein und Balderschwang ist mit 1407 Metern der höchste befahrbare Gebirgspass Deutschlands.

Eieiei! Das weltgrößte Osternest stand in der Osterzeit 2019 auf dem Marktplatz von Lauingen an der Donau. Neben fünf 2,25 Meter hohen Rieseneiern lagen 56 000 bunte Kunststoffeier im 280 Quadratmeter messenden Reisignest.

Die bayerischen Jahreszeiten: vor der Wiesn, während der Wiesn und nach der Wiesn (= vor der Wiesn).

Als einziges Bundesland hat der Freistaat Bayern dem Deutschen Grundgesetz nie zugestimmt. Die CSU-Mehrheit im Bayerischen Landtag forderte 1949 mehr Rechte des Bundesrats bei der Gesetzgebung. Man beschloss aber, die Verfassung zu akzeptieren, sollte sie von zwei Dritteln der Länder angenommen werden – was dann auch geschah. So steht heute das Grundgesetz über der bayerischen Landesverfassung.

Der bayerische Volksschauspieler Gustl Bayrhammer hieß eigentlich Adolf Gustav Rupprecht Maximilian Bayrhammer. Er war Mitglied bei Schlaraffia, einer weltweiten deutschsprachigen Vereinigung zur Pflege von Freundschaft, Kunst und Humor – und fungierte dort im Reych Monachia unter dem Ritternamen Skipps ben Kneißl zunächst als Hofnarr und später 20 Jahre lang als sogenannter Oberschlaraffe.

Das Wappen von Seeg zeigt ein Seeg-elschiff.

Der größte Binnensegelhafen in Deutschland liegt am Südufer des Großen Brombachsees. Am Stausee im Süden Mittelfrankens gibt es 600 Wasser- und 150 Landliegeplätze, eine Doppelsliprampe, Bootskräne bis fünf Tonnen sowie ein Segelzentrum mit Clubheim.

In bayerischen Haushalten leben rund 2,2 Millionen Katzen.

Komponist Carl Orff (»Carmina Burana«) liegt im Kloster Andechs begraben – in der Schmerzhaften Kapelle der Wallfahrtskirche.

So ein Schroth! Oberstaufen ist das einzige Schroth-Heilbad Deutschlands. Hier werden sogenannte Schrothkuren angeboten – ein Naturheilverfahren mit Trink- und Trockentagen, das auf den Naturheiler Johann Schroth zurückgeht.

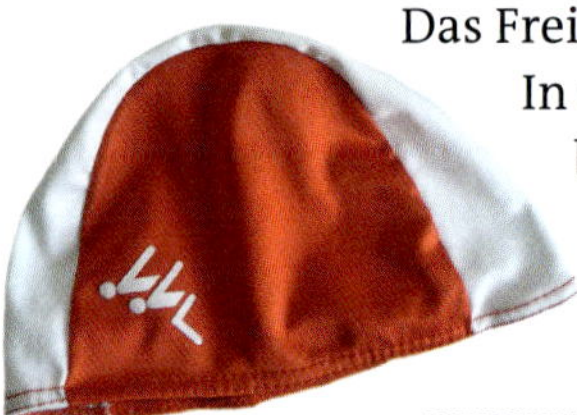

Das Freibad in Roding heißt Platschare. In der Satzung des Familienspaßbades heißt es in § 6 zum Thema Körperreinigung: »Übelriechende Schmier- und Einreibemittel dürfen nicht verwendet werden.«

Gell, da steinste! Die älteste noch intakte Steinbrücke Deutschlands steht in Regensburg – sie wurde im Jahre 1146 fertiggestellt.

Rotlicht: Im Stadtgebiet von Rosenheim leben 63 000 Menschen – und es gibt 22 Bordelle. Da in Städten unter 30 000 Einwohnern Prostitution verboten ist, konzentriert sich das Einzugsgebiet der Besucher auf die drittgrößte Stadt in Oberbayern.

In Schlecht im Landkreis Traunstein lebt es sich nicht schlecht, es wohnen dort auch keine schlechten Menschen und es wird einem dort auch nicht einfach so schlecht. Der Name leitet sich ab vom Mittelhochdeutschen »sliht« – was so viel bedeutet wie »glatte Fläche«, »Ebene«.

130 Liter Bier pro Jahr. Bayern hat den höchsten Pro-Kopf-Verbrauch an Gerstensaft in ganz Deutschland. Das sind rund 40 Prozent mehr als im Bundesdurchschnitt. Oans, zwoa, gsuffa!

Mindestens zwölf! Bayern ist das Bundesland mit den meisten Feiertagen. Inklusive Mariä Himmelfahrt sind es in katholischen Gebieten sogar 13 Feiertage – und das Augsburger Friedensfest beschert der Stadt zusätzlich einen 14. Feiertag. Deutscher Rekord!

Ratzfatz! Für sagenhafte 188 938,88 Euro verkaufte kurz nach der Wahl ein Student seinen dunkelgrau-metallicfarbenen VW Golf IV auf eBay. Es war kurz nach der Wahl des Papstes Benedikt XVI. – und der Vorbesitzer des Wagens hieß: Joseph Ratzinger.

Dirk Nowitzki hat Schuhgröße 54. Der gebürtige Würzburger heißt mit zweitem Vornamen Werner.

31 000 Punkte. 11 000 Rebounds. 7000 Treffer von der Freiwurflinie. 3000 Assists. 2000 erfolgreiche Drei-Punkte-Würfe. 1281 Blocks. 1200 Steals. »The German Wunderkind« Nowitzki gehört zu den besten Basketballern der NBA-Geschichte.

Typische bayerische Nachnamen sind Huber, Loibl, Obermüller, Mayr, Vogl, Gmeiner, Loibl, Aumüller, Gruber und Brunner.

Die älteste Bergwetterstation der Welt liegt auf dem Hohen Peißenberg südwestlich von München auf 977 Meter Höhe. Durch das dort befindliche Meteorologische Observatorium werden seit 1781 ununterbrochen Messungen durchgeführt.

Ende März 2020 twitterte eine Mutter an die Polizei München: Eine Frage von meinem Sohn wegen Corona: Unterliegt der Osterhase auch der Ausgangsbeschränkung? Antwort: Der Osterhase ist schlau und verbindet das Verstecken von Ostereiern mit der Bewegung an der frischen Luft. Dies ist weiterhin erlaubt. Zudem achtet er natürlich auf den Mindestabstand und wäscht sich im Anschluss seine Pfoten.

Der Augsburger Fußball-Nationalspieler Helmut Haller machte kein einziges Spiel in der Bundesliga. Er wechselte vom BC Augsburg direkt nach Italien zum FC Bologna, spielte danach bei Juventus Turin und nahm während seiner Zeit im Ausland an drei Weltmeisterschaften teil: 1962, 1966 und 1970. Ab 1973 kickte er beim FC Augsburg in der zweiten Liga.

Holz vor der Hüttn! In Ruhpolding gibt es ein Holzknechtmuseum. Gezeigt werden Geschichte, Lebens- und Arbeitsbedingungen sowie die Gerätschaften und Werkzeuge der Holzknechte. Diese ehemaligen armen Waldarbeiter stammten meist aus der unterbäuerlichen Schicht.

Nürnberg heißt auf Niederländisch Neurenberg, auf Englisch Nuremberg, auf Italienisch Norimberga und auf Griechisch Niremvéri.

Kürbissimo! Die dicksten Dinger wachsen im Freistaat. Bei der Deutschen Kürbis-Meisterschaft im Blühenden Barock in Ludwigsburg erreichte 2016 das riesige Exemplar von Mario Weishäupl aus Waldkirchen bei Passau mit 916,5 Kilogramm souverän den ersten Platz. Das bayerische Schwergewicht der Sorte Atlantic Giant wurde mit nährstoffreichem Kompost gedüngt und ist bis heute der schwerste jemals in Deutschland gewachsene Kürbis.

Niemals ohne Überzieher! Thomas Gottschalk schaffte als Moderator von »Wetten, dass ...?« die längste Sendung aller Zeiten. Am 7. Dezember 1996 überzog er die reguläre Sendezeit um sagenhafte 73 Minuten.

Hindnaus is da Esl aa gscheida!

Sonnenterrasse überm Bodensee: Scheidegg im Allgäu ist laut Deutschem Wetterdienst der sonnenreichste Ort Deutschlands.

Dositzndidodidooiweidositzn!

Ich hab nie Durst – so weit lass ich's gar net erst kommen! Im April 2018 griff die Polizei einen 39-jährigen, laut krakeelenden und randalierenden Schongauer auf. Die Blutprobe ergab den absoluten Rekordwert von 5,24 Promille! Sssowashasssenonichgesehn ...

In Eggenfelden gibt es die Schreinerei Handlos.

Auf der Theresienwiese arbeiten 13 000 Menschen. Mit dem auf dem Oktoberfest verbrauchten Strom könnte man 1000 Haushalte ein Jahr lang versorgen. Das größte Festzelt bietet Platz für 11 000 Besucher.

Im Internet auf Stupipedia heißt es über die Bayern: Da in Bayern viele alte Menschen leben, spricht man beim Großteil der Bayern von Altbayern. Diese sind die Bayerischsten und somit auch die mit dem höchsten Bierkonsum. Sie gliedern sich in vier Gruppen: die Oberbayern, die Oberpfälzer, die Münchner und die Niederbayern.

Weiter auf Stupipedia: Neben den Altbayern, also den alten und damit richtigen Bayern, leben in Bayern auch zahlreiche Nichtbayern. Da diese keine Bayern sind, aber in Bayern leben, werden sie als Minderheiten oder Beutebayern bezeichnet.

Franken haben eine der niedrigsten Scheidungsraten bundesweit.

Die Krügeee hoch! Aus Abensberg in Niederbayern kommt der aktuelle Weltmeister im Maßkrug-Tragen. Oliver Strümpfel schaffte die Strecke von 10 Metern mit 29 vollen Krügen.

Lindau gehört zum bayerischen Regierungsbezirk Schwaben – hier treffen sich alle zwei Jahre im Juni die Nobelpreisträger in Chemie, Medizin, Physik und den Wirtschaftswissenschaften. Jährlich im April finden die Lindauer Therapiewochen statt. Ob auch hier Nobelpreisträger anwesend sind, ist nicht bekannt ...

850 Jahre Pinkepinke: Das Bayerische Hauptmünzamt ist nicht nur das älteste Unternehmen Münchens – dort werden aktuell auch 21 Prozent der deutschen Münzen geprägt. Die Prägekapazität liegt bei 1 000 000 000 Stück pro Jahr.

Auf jeden Einwohner Bayerns entfallen rund 2000 Quadratmeter Wald.

Die längste Achterbahn Bayerns steht in Sankt Englmar. Auf einer Länge von 755 Metern saust »Da voglwuide Sepp« in einem stilisierten Hornschlitten mit angehängten Wagerln 60 Stundenkilometer schnell durch die Landschaft und überwindet bis ins Ziel 27 Höhenmeter.

2019 waren in Bayern die beliebtesten Mädchennamen Marie, Anna, Sophia, Emma und Leni. Bei den Jungen waren es Maximilian, Lukas, Alexander, Ben und Paul. Abgelehnt wurden unter anderem folgende Vornamenswünsche: Bierstübl, Verleihnix, Holunda, Porsche, Waldmeister, Kirsche, Vespa, Gucci und Störenfried. Zum Glück!

Wenn oana länger ois wia zehn Joar an Schui ganga is, na kunnst'n für a normale Arbat nimma braucha. Lauta Bledstudierte!

Heid is Häppi Aua: oamol frech wean, zwoa Watschn!

Der niedrigste Punkt Bayerns liegt bei Kahl. An der Stelle, wo der Fluss Kahl in den Main mündet, sind es 102,30 Meter über dem Meeresspiegel.

In Schwandorf gibt es 640 Straßen – aber weder eine Schwanstraße noch eine Dorfstraße.

Bell-issimo! Flocki aus Mühldorf am Inn ist der schnellste Dackel Bayerns. Mit seinen neun Kilogramm Körpergewicht bewältigte er in St. Wolfgang die 50 Meter in rasanten 5,95 Sekunden. Seine 41 Konkurrenten dackelten nur hinterher ...

Bayernschlau! Thomas Wolf ist Mitglied der »Giga-Society« – die Vereinigung besteht aus nur insgesamt neun Personen weltweit. Voraussetzung ist ein Intelligenzquotient von mindestens 190. Der Münchner Informatiker hat mit 196 den höchsten bisher gemessenen IQ Deutschlands. A gscheida Indelligenzbolzn!

Mitterteich hat 6666 Einwohner.

Alles für Ross und Reiter. In Franken gibt es für sogenannte Wanderreiter zwischen Main und Donau ideale Bedingungen. An 111 Punkten ist man auf Gäste eingerichtet: Man kann sich verpflegen lassen und auf Wunsch auch übernachten – es ist das größte Reitstationennetz Europas.

Der Zoigl wird schon seit dem 15. Jahrhundert in der Oberpfalz ausgeschenkt. Damals durfte jeder sein eigenes Bier brauen, aber nichts davon verkaufen. Drum wurde man erfinderisch und hat Wohnzimmer zu Wirtshäusern umfunktioniert – und so isses au heit no. Einmal im Monat wird ausgeschenkt, und zwar überall dort, wo der Zoiglstern außen hängt.

Der sechszackige Zoiglstern setzt sich aus zwei übereinanderliegenden Dreiecken zusammen – das eine symbolisiert die drei Naturelemente Wasser, Feuer und Luft und das andere die Zutaten Wasser, Hopfen und Malz.

In Bad Brückenau gibt es 33 Brücken.

Auf dem Münchner Flughafen gibt es neun Spielplätze, eine Airport-Klinik und eine Brauerei. Die Gepäckförderungsanlagen haben eine Gesamtlänge von 64 Kilometern.

Wer ned rauchd, ned sauffd, ned huad … der soachld!

Artikel 141: In der Verfassung des Freistaates Bayern gibt es den sogenannten Schwammerlparagraf – der besagt, dass jeder Mensch im Wald zum Pilzesuchen gehen darf. Grundsätzlich ist also jedem der freie Zugang zur bayerischen Natur garantiert.

Esch weiß was! Der Dichter Wolfram von Eschenbach wurde in Eschenbach geboren, genauer in Obereschenbach, dem heutigen Wolframs-Eschenbach. Er gehörte zu den bedeutendsten Dichtern des Mittelalters. »Parzival« gilt als sein berühmtestes Werk.

Die san doch olla ballaballa! Bayern München hat auf Facebook 50 Millionen Follower. Der 1. FC Nürnberg hat 330 000. Und 1860 München folgen immerhin noch 195 000 Fans.

In Schwangau gibt es kreative Wege- und Straßennamen: Am Jürgenfeld, Fingersteig, Gißhibl, Rechenmacherweg, Rodelbahn, Sandhaufenweg, Schutzengelweg, Wasserleitungsweg.

Kloo heißt eine kleine Einöde bei Miesbach in Oberbayern. Der Name bezieht sich wohl auf die Bezeichnung eines Bauern, der viel mit Klauentieren zu tun hatte – denn das Mittelhochdeutsche »klo« bedeutet »Kralle«, »Klaue«. Aus der Tätigkeit des Mannes wurde dann ein entsprechender Ruf- und Familienname.

Die Bayerische Weißwurstkönigin wird jährlich gekürt und hat als Insignien eine breite weiße Schärpe, eine weiß-silberne Krone sowie ein goldenes Zepter mit aufgespießter Weißwurst.

Der Landkreis Regen hat das einzige Wappen, auf dem ein Sektglas abgebildet ist.

Bairischer Zungenbrecher: Zwanzg zrquetschte Zwetschgn plus zwanzg zrquetschte Zwetschgn sin vierzg zrquetschte Zwetschgn (Zwanzig zerquetschte Zwetschgen und zwanzig zerquetschte Zwetschgen ergeben vierzig zerquetschte Zwetschgen).

Knack und Back! Die Backe bezeichnet bei einem Gewehr die Form des Schaftes, wo die Wange des Schützen aufliegt, damit dieser stabil und zielsicher schießen kann. Ist die Backe hinten kantig, spricht man von einer bayerischen Backe.

Bad Griesbach im Rottal hat 105 Ortsteile! Darunter sind interessante Namen wie Au, Brennberg, Churfürst, Eden, Freudenöd, Fuchshub, Hasenberg, Höll, Katzham, Moos, Obergrün, Rehwinkl, Thal, Weg, Weinberg oder Würm.

Neamad is perfekt. Aba ois Bayer is ma vadammt nah dro!

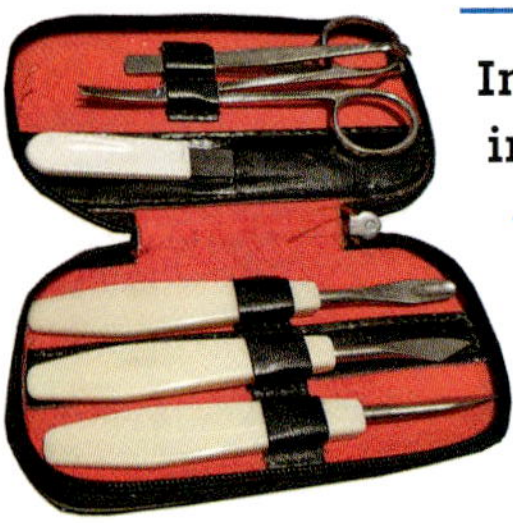

In Bayern lebten Anfang 2020 insgesamt 13 117 089 Menschen.

In Augsburg gibt es den Fußpflegeservice Moder.

Am Donaudurchbruch bei Kelheim in Niederbayern sind die Felswände bis zu 80 Meter hoch. Die Kalksteinformationen der sogenannten Weltenburger Enge haben kreative Namen: Die drei feindlichen Brüder, Räuberfelsen, Kuchelfelsen, Versteinerte Jungfrau, Bayerischer Löwe, Bischofsmütze, Zwei Sich-Küssende, Römerfelsen, Peter und Paul, Bienenhaus und Napoleons Reisekoffer.

Kloster Weltenburg, die oberhalb des Donaudurchbruchs liegende Benediktinerabtei, ist wahrscheinlich das älteste Kloster Bayerns. Es soll um das Jahr 617 von den irisch-schottischen Mönchen Eustachius und Agilus gegründet worden sein.

Monaco Franze: Helmut Fischer erlangte mit der Rolle des schlaksigen Münchner Originals und Vorstadt-Casanovas große Popularität. Vor seiner großen Karriere musste sich der Schauspieler mit kleinen, unbedeutenden Nebenrollen durchschlagen – unter anderem als Hinterteil eines Zebras bei der Zuban-Schau auf dem Münchner Oktoberfest.

Der Bayerische Giebelnistkasten besitzt einen großen Brutraum und bietet aufgrund seines Vorbaus wir kungsvollen Schutz vor Fressfeinden – er ist durch das Material Holzbeton zudem beständig gegen Specht und Marderangriffe. Die ovale Einflugöffnung eignet sich ideal für Spatz, Kleiber, Gartenrotschwanz sowie verschiedene Meisenarten.

Gold- und Silbermedaille! Das Wandfresko im Chor der Münchner Ludwigskirche »Das Jüngste Gericht« von Peter von Cornelius ist mit 11,3 Meter Breite und 18,3 Meter Höhe das größte Altarfresko der Welt.

Bad Füssing ist laut einer Studie Europas beliebtestes Heilbad mit den meisten Besuchern.

»Karl der Bayer« ist aus Lindenholz, lebensgroß und das meistfotografierte Motiv in Amerikas einzigem Nussknacker-Museum mit 7500 Exponaten im Touristenort Leavenworth, rund zweieinhalb Autostunden östlich von Seattle.

Leavenworth ist ein nachgebautes bayerisches Dorf mit authentischen Gebäuden und Fassaden, Lüftlmalereien, Biergärten und Wirtshäusern. Pro Jahr kommen rund zwei Millionen Besucher, um sich vom perfekten Ambiente, von den bayerischen Trachten und Traditionen begeistern zu lassen. Es gibt sogar ein Maifest mit Maibaum, ein Oktoberfest und einen Christkindlmarkt.

Silvaner in kleinen Gläsern genossen, schadet auch in größeren Mengen nicht! Die Traubensorte ist heute mit 23,9 Prozent nach Müller-Thurgau mit 26,6 Prozent die in Franken am häufigsten angebaute Rebe. Danach folgen Bacchus mit 12 Prozent und Riesling mit 5,5 Prozent.

Gesamtlänge: 20,67 Meter. Gewicht: 77 Kilogramm. Bauzeit: 400 Stunden. In Bischofswiesen in der Werkstatt von Alois Biermaier steht bzw. liegt das längste an einem Stück gefertigte Alphorn. Töröööö!

...abb? ...aab? Durch Nabburg fließt die Naab.

Der in Kolbermoor geborene Welt- und Europameister Paul Breitner spielte 1976 die Rolle des Sergeant Stark im Western »Potato Fritz« mit seiner damaligen Fußballer-Lockenkopf-Haarpracht – und wurde wegen seines bairischen Akzents auf Hochdeutsch synchronisiert.

Bayerische Ortsnecknamen: Elchinger Dreiviertelskrapfen, Gasseldorfer Haberochsen, Kronacher Hasenküh, Berolzheimer Krapfenfresser, Memmelsdorfer Struzer, Ansbacher Wolfshenker, Syrgensteiner Katzenfresser, Allersberger Drahtzieher, Nürnberger Hergottsschwärzer, Marlesreuther Buddla, Miltenberger Meescheißer, Pretzfelder Fröschknicker, Tütschengereuther Staabeißer.

Bayern first! 1904 eröffnete mit der »Autolenkerschule« in Aschaffenburg die erste Fahrschule Deutschlands.

Mia san Bia! Mit der bayerischen Bierproduktion eines Jahres könnte man 73-mal den kompletten Münchner Olympiaturm füllen.

In Bayern gibt es 333 000 wild lebende Katzen.

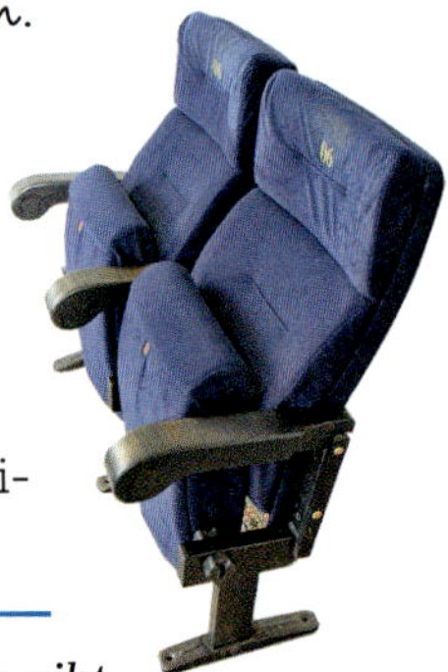

Das Nationaltheater am Max-Joseph-Platz in München besitzt mit 2500 Quadratmetern die drittgrößte Opernbühne der Welt – es ist die Spielstätte des Bayerischen Staatsballetts und der Bayerischen Staatsoper.

Ganz speziell be-trachtet: In Sauerlach gibt es Bayerns heißesten Lederhosentätowierer. Unter dem Namen »Brandner und Kneißl« verkauft Michael Thalhammer unterschiedlichste Krachlederne und überträgt mit heißer Nadel Wunschmotive aller Art auf hochwertige Hirschhaut. Branding to go – eine brennende Idee!

Kreative Flussnamen in Bayern: Biber, Streu, Hühnerbach, Paar, Große Laaber, Traun, Kessel, Ehenbach, Regen, Kahl, Nassach, Aalbach, Engelbach, Frommbach, Kühlbach, Wiesent, Sinn, Paar.

Welches Schweinderl hätten's denn gern? Robert Lembkes Sendung »Was bin ich? Das heitere Beruferaten« am 29. August 1967 war die erste Farbsendung des Bayerischen Rundfunks.

Der Nordturm der Münchner Frauenkirche ist mit 98,57 Metern zwölf Zentimeter höher als der Südturm. Von 1801 bis 1927 diente die Spitze des Nordturms als Bezugspunkt (Nullpunkt) für die erste bayerische Landesvermessung.

Die Idee, dem Wahrzeichen der Landeshauptstadt Kuppeln aufzusetzen, stammt wohl vom Baumeister Jörg von Halspach selbst – der Felsendom auf dem Jerusalemer Tempelberg diente ihm dabei als Vorbild. Seit 1525 präsentiert sich die Frauenkirche mit den beiden Renaissance-Hauben.

Wegen Geldmangel durch den Landshuter Erbfolgekrieg wurden die »Welschen Hauben« (welsch = fremd) erst 36 Jahre nach Fertigstellung der Kirche angebracht. Die beiden Türme erhielten nach einem Zeitungsaufruf in den 1950er-Jahren sogar Namen: Stasi heißt der Südturm und Blasi der Nordturm.

Da biste blatt! Schwabach ist das weltweit bekannte Zentrum der Blattgoldherstellung. Die Goldschlägerstadt hat am Rathaus zwei goldene Dächer – Innsbruck hat nur eines.

6836 Schläge mit sechs unterschiedlich schweren Hämmern sind nötig, um das Gold so dünn wie möglich zu bekommen.

Im Telefonbuch von Rot an der Rot gibt es unter anderem folgende Familiennamen:
1 × Braun, 4 × Schwarz,
7 × Weiss, 7 × Grün,
2 × Rosa – und keinmal Rot.

Adolf und Rudolf Dassler gründeten in den 1920er-Jahren in Herzogenaurach die Sportschuhfabrik Gebrüder Dassler. Bereits 1930 wurden 10 500 Paar Sprintschuhe und 18 500 Paar Fußballschuhe mit den berühmten Schraubstollen gefertigt. 1948 trennten sich die Wege der Brüder: Adi gründete Adidas, Rudolf das Unternehmen Ruda, das später zu Puma wurde.

In der Stadt waren gemischte Ehen zwischen Mitarbeitern von Adidas und Puma ein absolutes Tabu.

In Ingolstadt gibt es die Firma Kratzer Automobile.

Die beliebtesten Biere im Freistaat sind Weißbier mit 36 Prozent, danach folgen mit 25 Prozent Lager/Hell sowie Export mit 11 Prozent.

Spieglein, Spieglein in der Hand: Spiegelau in Niederbayern zeigt auf seinem Wappen einen Handspiegel. Wer wohl die Schönste in der 3889 Einwohner zählenden Gemeinde ist?

Chamer mal machen! In Riekofen im Kreis Regensburg wurde in einer Siedlung der jungsteinzeitlichen Chamer Kultur der älteste kupferne Angelhaken Deutschlands entdeckt. In der Donau fischte somit bereits vor rund 3000 Jahren Fischers Fritze frische Fische.

Franz Beckenbauer war nicht der erste Beckenbauer beim FC Bayern – sein Onkel Alfons spielte bereits 1932 drei Jahre lang als Halbstürmer für den Fußballklub noch in der damaligen Bezirksliga.

Stammtisch für Gwamperte: Beim Straubinger Gäubodenfest, dem zweitgrößten Volksfest in Bayern, gibt es im Zelt von Festwirt Hubert Reisinger einen etwas breiteren Biertisch mit fünf ausgesparten Rundungen – perfekt für fünf gwamperte Bierbauchträger. Ein Prosit der Gemütlichkeit!

Von Geiselwind nach Shanghai sind es genau 8888 Kilometer.

Unter den zehn deutschen Drei-Sterne-Restaurants 2019 (Guide Michelin) finden sich zwei in Bayern: das Restaurant Atelier im Hotel Bayerischer Hof in München und das Restaurant Überfahrt Christian Jürgens in Rottach-Egern.

Gräber ohne Tote: In Münnerstadt befindet sich das Berufsausbildungszentrum der Bestatter – dazu gehört ein entsprechend leerer Lehrfriedhof. Weltweit einmalig!

Am Rosenmontag 1857 soll es gewesen sein, da gingen dem Moser Sepp die Schafsdärme für seine Bratwürste aus. Der Wirt der Münchner Bierwirtschaft Zum ewigen Licht wusste sich zu helfen und füllte das übrig gebliebene Brät in Schweinsdärme. Und weil er dachte, diese könnten beim Braten auf dem Rost platzen, legte er sie in einen großen Topf mit heißem Wasser. So erblickte die bis heute beliebte Weißwurst durch Zufall das Licht der Welt.

Kein Etikettenschwindel: Mit rund 640 000 Exemplaren hat Hendrik Thomann die größte Bieretikettensammlung der Welt. Seit über 40 Jahren sammelt der Erlanger die bunten Drucke aus allen Ländern der Erde.

München heißt auf Arabisch Miyūnikh, auf Griechisch Mónakho, auf Serbisch Minhen, auf Litauisch Miunchenas, auf Russisch Mjunkhen, auf Tschechisch Mnichov, auf Polnisch Monachium, auf Japanisch Myunhen, auf Italienisch Monaco, auf Portugiesisch Munique, auf Türkisch Münih und auf Chinesisch Mūnīhēi.

In Sulzbach-Rosenberg steht das erste Bayerische Schulmuseum.

Wegen der sehr hohen Immobilienpreise der dortigen Anwesen nennt man den Tegernsee auch Lago di Bonzo.

Liawa fümf Minudn feig ois wiar a Leem lang doud!

In Erbendorf befindet sich Deutschlands älteste Whisky-Brennerei. Bereits 1818 wurden Kornbrände in alten Eichenholzfässern gelagert und als »brauner Korn« verkauft. Heute werden von der Familie Schraml jährlich rund 300 Flaschen »Stonewood« abgefüllt – ein edler »Bavarian Single Grain Whisky«. Es gibt hold nix bessas wia wos Guads.

Das 1502 entstandene Aquarell »Feldhase« des weltberühmten Nürnberger Malers und Grafikers Albrecht Dürer ist nicht nur seine bekannteste Naturstudie – sie hat auch eine kleine Besonderheit: Im Auge des Hasen spiegelt sich nämlich ein Fensterkreuz.

Dürer fertigte 70 Gemälde, 100 Kupferstiche, 350 Holzschnitte und rund 900 Zeichnungen. Sein Vater stammte aus dem ungarischen Dorf Ajtós. Ajtó bedeutet Tür. In Deutschland nannte er sich Thürer – bis die fränkische Aussprache schließlich Dürer daraus machte.

Albrecht Dürer war der allererste Künstler, der alle seine Werke mit einem Monogramm kennzeichnete: AD.

Die Bayerische Staatskanzlei im Münchner Hofgarten ist doppelt so groß wie das Weiße Haus.

In Schönau am Königssee gibt es einen Jodlerweg.

Vorwärts nimmer, rückwärts immer! Die einzige verkehrt herum laufende Uhr Europas befindet sich in München – ein Zifferblatt der Turmuhr am Isartor wurde 2005 spiegelverkehrt bemalt und samt entsprechendem Uhrwerk angebracht. In Bayern gehen halt die Uhren anders …

Schaug o! 34 Meter lang. 8 Meter Durchmesser. Das größte »Fernrohr« der Welt steht auf 2244 Meter Höhe neben der Bergstation der Karwendelbahn. In der Röhre aus Stahl, Beton und Lärchenholz befindet sich ein Museum und man hat von der großen Fensterfront aus einen beeindruckenden Blick Richtung Mittenwald und Isartal.

Zieht den Bayern die Lederhosen aus! Im Freistaat gibt es insgesamt 800 Trachtenvereine, bestehend aus rund 165 000 Erwachsenen sowie 100 000 Kindern und Jugendlichen.

Die Schauspielerin, Synchronsprecherin und Autorin Hannelore Elsner hieß eigentlich Hannelore Elstner.

Munich in North Dakota wurde von bayerischen Einwanderern gegründet und hat heute rund 230 Einwohner. Es liegt wie München exakt auf dem 48. Breitengrad. Auch die Höhenlage ist fast dieselbe: Munich liegt auf 487 Metern, München auf 519 Metern.

Hallo Doc! 2019 gab es in Bayern 27 517 niedergelassene Ärzte und 31 238 Krankenhausärzte. Das ist Spritze!

Der bayerische Komponist und Fernsehkoch Ludwig Schmidseder schrieb eine Operette mit dem Titel »Linzer Torte« – sie wurde 1944 uraufgeführt.

Gsuffa! Elf Jahre und elf Tage würde man benötigen, um jeden Tag ein anderes bayerisches Bier zu trinken.

Der längste bayerische Fluch: Himmeherrschaftszeitensacklzementgreizgruzifixleckstmiamoarschscheissglumpvarreckts!

Olle Knolle: Das Knoblauchsland im Zentrum des Städtedreiecks Nürnberg–Fürth–Erlangen ist mit 21 Quadratkilometern eines der größten zusammenhängenden Gemüseanbaugebiete in Bayern.

Der rätselhafte Kaspar Hauser tauchte 1828 in Nürnberg als etwa 16-jähriger geistig Verwirrter auf und behauptete, von klein auf bei Wasser und Brot gefangen gehalten worden zu sein. Einem Gerücht nach soll er der 1812 geborene Erbprinz von Baden gewesen sein, den man beiseitegeschafft hatte, um einer Nebenlinie des Fürstenhauses die Thronfolge zu ermöglichen.

Neben dem Euro sind die einzigen akzeptierten Währungen in Bayern: die Biermarke, die Hendlmarke und die Brotzeitmarke.

Nackerte! Auf dem Wappen von Neuburg an der Donau sind unter anderem ein nacktes Mädchen und ein nackter Junge mit je einem Steckenpferd in der Hand abgebildet. Diese beiden Steckreiterkinder sollen eigentlich die beiden Prinzen und späteren Fürsten Ottheinrich und Philipp darstellen. Jo mei …

Das letzte »Intelligenzblatt« Deutschlands wird in Dorfen, im oberbayerischen Landkreis Erding, herausgegeben.

Zitat vom Bomber der Nation, Gerd Müller, zum Thema Tore schießen: »Wenn's denkst, is eh zu spät.«

Gessn wird, wos aufn Disch kimmt! Laut einer Studie sind die Oberpfälzer die dicksten Europäer. Die Hüftgold-Goldmedaille geht also an Nordostbayern.

Pups liegt im Landkreis Rosenheim. Hier wohnten im 14. Jahrhundert wohl recht unbeliebte Menschen – denn der Ort schrieb sich damals Pupfs, was so viel wie plump und rücksichtslos bedeutete. Im Laufe der Zeit hat sich dann der Buchstabe f in Luft aufgelöst …

Der in Landshut geborene ehemalige Bundespräsident Roman Herzog prägte 1997 in Berlin den berühmten Satz: »Durch Deutschland muss ein Ruck gehen. Wir müssen Abschied nehmen von lieb gewordenen Besitzständen, vor allen Dingen von den geistigen, von den Schubläden und Kästchen, in die wir gleich alles legen. Alle sind angesprochen, alle müssen Opfer bringen, alle müssen mitmachen …«

Die 30 höchsten Berge Deutschlands liegen alle in Bayern.

Höhenkirchen-Siegertsbrunn hat nicht nur den längsten Gemeindenamen Bayerns, sondern auch eines der kuriosesten Wappen – ein stilfremder aufsteigender Pfeil über einer grünen Tanne.

»Der Tod von Altötting« – so nennt man ein 50 Zentimeter großes Skelett auf einer sieben Meter hohen Schrankuhr in der Stiftspfarrkirche St. Philipp und Jakob. Der mechanische Sensenmann aus dem 17. Jahrhundert mäht im Takt der Uhr – bei jeder Mahd der Sense soll irgendwo ein Mensch sterben; bei jedem Schwungholen wird ein Kind geboren. Sens-ationell!

Sexuelle Revolution: Das ehemalige Fotomodell Uschi Obermaier war Mitglied der berühmten Kommune I und gilt als erstes deutsches Rockmusik-Groupie – Mick Jagger und Keith Richards sollen sich einst in ihrer Küche um sie geprügelt haben.

Fränkischer Zungenbrecher: Franggn is dou, wou di Hasn Hosn un die Hosn Huusn haasn.

Weich, robust, widerstandsfähig – die allerbeste Funktionskleidung in Bayern ist und bleibt: die Lederhose! Früher trug man sie grundsätzlich »unten ohne« – man zog also keine Unterhosen darunter.

Witzige bayerische Ortsnamen: Baiern, Hölle, Krötennest, Petting, Oberkotzau, Knochenhof, Tuntenhausen, Loch, Ochsenschenkel, Ficker, Geilsheim, Öd, Streit, Lauter, Hausmann, Moritz, Pechbrunn, Kamerun, Trieb, Saugendorf, Waldfenster, Gschieß, Ursulapoppenricht.

Au Backe-stein! Der Backsteinturm der im Jahr 1500 fertiggestellten Martinskirche in Landshut ist mit 130,1 Metern der höchste Kirchturm Bayerns – und der höchste Backsteinturm der Welt.

Handwerk für den Arsch: In der Schlittenmanufaktur Weber aus Leubach in der Rhön arbeiten zwei der letzten Schlittenbauer in Bayern.

Uli Hoeneß: »Ich glaube nicht, dass wir das Spiel verloren hätten, wenn es 1 : 1 ausgegangen wäre.«

Ton-Künstler: Der niederbayerische Musiker und Töpfermeister Hans-Jürgen Buchner hat 1982 die Band Haindling gegründet – gespielt wird eine Mischung aus Pop, Jazz und Volksmusik mit bairischen Texten. Der Name der Band leitet sich vom Geburtsort des Künstlers ab.

Die Außenhülle des FC-Bayern-Stadions besteht aus 2784 aufblasbaren rautenförmigen Kissen, die verschiedenartig beleuchtet werden können.

Das 1925 fertiggestellte Deutsche Museum in München ist das erste und größte Museum der Welt, das sich ausschließlich mit den Themen Technik und Naturwissenschaft beschäftigt.

Ein Fußgänger in Wassertrüdingen, der alle Gemeindestraßen abläuft, benötigt für die 63 Kilometer und 303 Meter insgesamt 17 Stunden und 35 Minuten.

Alexander Kainz aus Leutkirch besitzt 475 unterschiedliche Postkarten mit nur einem einzigen Motiv: Schloss Neuschwanstein. Damit hält er den Weltrekord für die »größte monothematische Postkartensammlung«.

2962 Meter! Auf Deutschlands höchstem Berg, der Zugspitze bei Garmisch-Partenkirchen, befindet sich Deutschlands einziges Gletscher-Skigebiet.

Bratzn weg! Die höchste Kristallglaspyramide der Welt steht in Zwiesel. Die 93 665 Kristallgläser in Weinkelchform verteilen sich auf 65 Ebenen; das Rekord-Bauwerk ist 8,06 Meter hoch und wiegt 11,6 Tonnen.

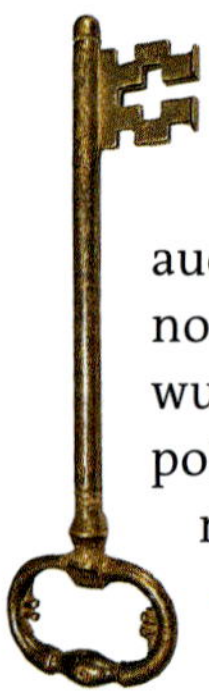

1537 wurde Ingolstadt zu einer bayerischen Landesfestung (Schanze) ausgebaut – errichtet von den sogenannten Schanzern, die in der Festung auch wohnten. So kamen die Einwohner zu ihrem noch heute bekannten Beinamen. Sogar Bauern wurden einst zu Schanzdiensten verpflichtet. Napoleon ließ 1800 den bayerischen Brückenkopf am nördlichen Donauufer schleifen.

Auf dem Wappen von Eppishausen im Unterallgäu befinden sich drei Mülleimer.

In Bayern stehen 41,8 % Fichten, 17,1 % Kiefern, 13,9 % Buchen, 6,8 % Eichen, 2,4 % Tannen, 2,1 % Lärchen, 0,8 % Douglasien und 15 % sonstige Laubbäume.

92 Prozent! Die weltberühmte Kandahar-Abfahrt in Garmisch-Partenkirchen hat den steilsten Abschnitt im gesamten Ski-Weltcup.

Kandahar ist die drittgrößte Stadt Afghanistans. Der englische Heerführer Frederick Roberts erhielt 1881 nach seiner Rückkehr aus Afghanistan den Titel »Earl of Kandahar« verliehen. Beim ersten klassischen Abfahrtslauf der Geschichte im Jahre 1911 stiftete Roberts den Siegerpokal – der britische Kandahar Ski Club rief die ersten Kandahar-Rennen ins Leben.

Am Ostpfeiler des Arc de Triomphe in Paris ist ganz groß das Wort Wertingen eingemeißelt – zur Erinnerung an den Sieg Napoleons 1805 gegen Österreich in der Schlacht bei Wertingen (Landkreis Dillingen an der Donau).

Starnberg heißt Starnberg, weil sich Stare auf einem Berg aufhielten. Das Wappen der Stadt zeigt einen solchen schwarzen Star.

Der hot 'n Schlooch! Das größte und berühmteste Volksfest der Welt wird jedes Jahr durch den Anstich des ersten Bierfasses vom jeweiligen Münchner Oberbürgermeister mit dem Spruch eröffnet: »O'zapft is!« Der schlechteste Anzapfer mit 19 Schlägen war im Jahre 1950 Thomas Wimmer. Mehrmaliger Rekordhalter ist Christian Ude, der den Zapfhahn erstmals 2005 mit nur zwei Schlägen ins Fass treiben konnte. Fass-zinierend!

Traunstein hat rund 20 000 Einwohner und 25 Schulen.

Kruzifix! Auf dem Ostgipfel der Kampenwand in den Chiemgauer Alpen steht seit 1950 das höchste Bergkreuz der Bayerischen Alpen – es ist zwölf Meter hoch.

Guckst du! In Amberg überspannen zwei Bögen der mittelalterlichen bedachten Stadtmaueranlage den Fluss Fils – durch die Spiegelung im Wasser entstehen optisch zwei runde Bogen – im Volksmund die sogenannte Amberger Stadtbrille.

Folgende bayerische Produkte tragen unter anderem das EU-weit gültige Qualitätssiegel für geschützte geografische Angaben: Allgäuer Bergkäse, Allgäuer Emmentaler, Bamberger Hörnla, Bayerische Brezn, Bayerischer Kren, Bayerisches Bier, Fränkischer Grünkern, Fränkischer Obstler, Frankenkarpfen, Hopfen aus der Hallertau, Nürnberger Lebkuchen, Obatzter, Schrobenhausener Spargel sowie Spalter Hopfen.

Mit der Bezeichnung schützt die EU regional bedeutsame Produkte vor Nachahmung. Dafür müssen Erzeugung, Verarbeitung oder Vorbereitung für den Verkauf in dem bezeichneten Gebiet stattfinden.

Der erste bedeutende Mathematiklehrer in Deutschland: Adam Ries(e) wurde 1492 in Bad Staffelstein geboren. Er gilt als Vater des modernen Rechnens. Riese verwendete statt der römischen Zahlen die einfacheren arabischen Ziffern, führte schriftliche Rechenmethoden ein und etablierte die Zahl Null.

Das erste Werk des weltberühmten Rechenmeisters hieß »Rechnung auff der Linihen und Federn / Auff allerley handthirung gemacht«. Er schrieb als Erster seine Bücher nicht wie üblich in Latein, sondern auf Deutsch.

Läuft! Es gibt 20 Wegabschnitte von Jakobspilgerwegen in Bayern.

Punkt statt m: Aschau im Chiemgau schreibt sich amtlich Aschau i. Chiemgau. Was die Beamten da wohl geritten hat …

Ganz schön feuchte Küh(ss)e! Ochse Urmel aus Großgründling in Oberbayern schaffte einen neuen Weltrekord – mit seiner Zunge. 15 Bussis in einer Minute auf die Wangen von 15 Freiwilligen. Ganz schön kuhl!

Fingerhäkeln – der neue Trend für geschickte Hand-Werker. Man benötigt dazu nur besonders dicke Wolle und flinke Finger, und bald schon hält man ganz individuelle Ergebnisse in den Händen. Kreative Maschenware – nicht Massenware!

Rothenfels im unterfränkischen Landkreis Main-Spessart ist mit 1002 Einwohnern die kleinste Stadt Bayerns.

Die als Sissi bekannte Kaiserin von Österreich und Königin von Ungarn verbrachte in den Sommermonaten ihrer frühen Kindheit etliche Zeit im Aichacher Stadtteil Unterwittelsbach, im Wasserschloss ihrer Familie. In der Dorfwirtschaft spielte Herzog Max die Zither und seine Tochter Sissi tanzte dazu.

Der 49. Breitengrad verläuft nicht nur mitten durch Dinkelsbühl, sondern auch durch Zwiesel.

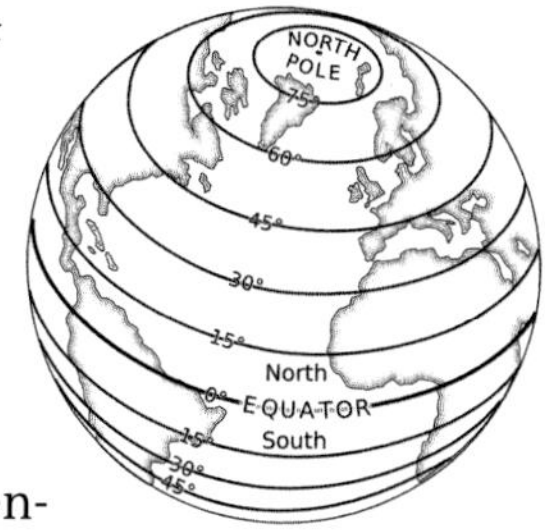

In Zwiesel wurde der berühmt-berüchtigte Weißwurstäquator mittels eines Denkmals sichtbar gemacht. Ob der 49. Breitengrad aber wirklich der Weißwurstäquator ist, der Bayern in Richtung Norden vom Rest Deutschlands trennt, sei dahingestellt. Zumindest ehrt der Gedenkstein die aus Bayern nicht wegzudenkende und heiß geliebte Weißwurst.

Der südlichste Punkt Bayerns heißt Haldenwanger Eck und befindet sich rund 17 Kilometer südwestlich des Ortskerns von Haldenwang. Hier markiert der Grenzstein 147 das Dreiländereck Deutschland–Tirol–Vorarlberg.

Nass gemacht! In Lauingen im Landkreis Dillingen drückte ein Temposünder nochmals so richtig auf die Tube, als Polizeibeamte ihn in der Stadt anhalten wollten. Er flüchtete mit seinem Motorroller vor der Verkehrskontrolle, sprang in einen Teich und entkam am gegenüberliegenden Ufer seinen Verfolgern. Diese standen dafür wenig später direkt vor seiner Haustüre. Wasser sich dabei wohl gedacht hat?

In Bayern leben rund 13,1 Millionen Menschen. Die Arbeitslosenquote beträgt rund 3 Prozent.

Auf dem Münchner Flughafen werden regelmäßig Fundsachen versteigert, die nicht mehr abgeholt wurden. Dabei kommen sowohl ungeöffnete Überraschungskoffer unter den Hammer als auch allerlei Kuriositäten. In den letzten Jahren waren dies unter anderem Konfetti-Kanonen, eine Motorsäge, eine Reisedusche, ein Klappstuhl, ein Surfbrett, eine Brotschneidemaschine, ein Brautkleid, ein Goldfisch sowie ein Tischkicker.

Auf dem Bayerischen Staatswappen sind insgesamt sechs Löwen zu sehen.
Und ein blauer Panther.

Seit der Neugestaltung des Wappens 1945 hat sich grafisch einiges geändert: Die beiden stehenden Löwen haben an jeweils zwei Beinen nur noch drei Krallen. Der Oberpfälzer Löwe hat überall nur drei. Der Nieder- und Oberbayerische Panther sieht aus wie ein Drache und besitzt je vier Krallen. Die Gesichter der drei schwäbischen Löwen sehen aus wie schwarze Gespenster mit roter Krawatte.

Das weiße Gold: Die 550 Kilometer lange Bayerische Porzellanstraße führt durch Oberfranken und die Oberpfalz und geht durch 56 Ortschaften.

In Kempten gibt es das Bettengeschäft Bockhart.

Wilhelm Conrad Röntgen entdeckte am 8. November 1895 im Physikalischen Institut der Universität Würzburg die nach ihm benannten Röntgenstrahlen – und erhielt dafür im Jahre 1901 den ersten Nobelpreis für Physik.

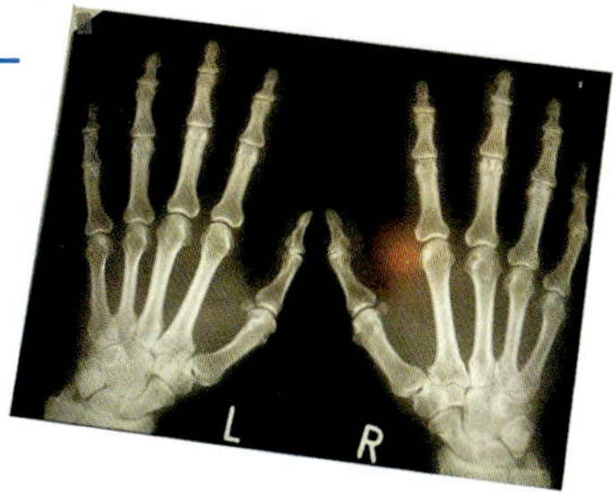

1998 entgleiste bei Eschede der ICE 884 mit dem Namen »Wilhelm Conrad Röntgen« – seitdem wird kein Zug der Deutschen Bahn mehr so genannt.

Die Tierschutzorganisation PETA kürte 2019 die veggiefreundlichsten Fußballstadien. Platz 1 ging an Schalke 04 – mit Gerichten wie veganem Grillgemüse-Wrap, veganen Linsenravioli mit Curry-Kokos-Soße oder einem veganen Double-Choc-Muffin. Auf den nächsten Plätzen folgen RasenBallsport Leipzig und der FC St. Pauli. Platz 7 belegt der 1. FC Nürnberg, der FC Bayern München wurde nur Elfter. Auf den letzten und somit 24. Platz kam der SSV Jahn Regensburg – mit dem Basicprogramm Brezeln und Pommes.

Dreistammesecke: So nennt man das Gebiet bei Treuchtlingen, an dem die ostfränkische, die bairische und die schwäbische Mundart aufeinandertreffen.

Oberbairischer Zungenbrecher: Oa Oabegga ko mit si aloa ned oabegga (Ein Eierditscher kann mit sich alleine nicht Eierditschen spielen).

Ur-(W)ald! Bei Schwarzenbach am Wald wurden in einem Hain die ältesten Fossilien Bayerns entdeckt: 520 Millionen Jahre alte versteinerte Kelchtiere, die auf dem Meeresboden lebten. Sellamohl zwischn Korolln, heid under de Baam.

Findsd, dass i zweng Busn hao? Naa dees bassd scho, zwoa san gnuag.

Im »fränkischen Neuschwanstein« wurde der Playboy Gunter Sachs geboren. Schloss Mainberg bei Schweinfurt wurde im Mittelalter erbaut – es gehörte unter anderem Tapetenfabrikant Wilhelm Sattler sowie dem Industriellen Ernst Sachs.

Der selbstständige Uhrmachermeister Christian Reithmann gilt als Erfinder des Viertaktmotors und hat unter anderem auch das Glockenspiel am Neuen Rathaus in München entworfen.

(G)Ross und Reiter! Bayerns größtes Wintervolksfest – jedes Jahr am Mittwoch nach Lichtmess – ist der Berchinger Rossmarkt mit über 100 Pferden und Gespannen.

Wie nennt man im Allgäu ein Ferkel, das um Hilfe quiekt? Notruf-Säule!

In Bayern werden jedes Jahr verschiedenste Königinnen gekürt – es gibt unter anderem eine Weinkönigin, Apfelkönigin, Bio-Königin, Kartoffelkönigin, Weizenkönigin, Korbstadtkönigin, Zuckerrübenkönigin, Rosenkönigin, Seelandkönigin, Magnolienkönigin, Mostkönigin, Hopfenkönigin, Bierkönigin, Honigkönigin, Glaskönigin, Bergwiesenkönigin, Thermenkönigin, Hutkönigin, Mehlkönigin, Wollkönigin und eine Krautkönigin.

So 'ne Brauerei! Das Benediktinerkloster Weihenstephan bei München erhielt bereits im Jahre 1040 die Brau- und Schanklizenz und ist damit die älteste gewerbliche Brauerei der Welt.

In Artikel 6 der Verfassung des Freistaates Bayern ist die bayerische Staatsangehörigkeit geregelt. Sie wird erworben durch Geburt, Legitimation, Eheschließung oder Einbürgerung und kann nicht aberkannt werden.

Das wohl bekannteste Werk des bayerischen Schriftstellers Ludwig Thoma ist »Der Münchner im Himmel«, in dem Dienstmann 172 Hingerl als Engel Aloisius nach seinem Tod immer weitergrantelt. Wegen des Schlusssatzes »… und so wartet die bayerische Regierung bis heute auf die göttlichen Eingebungen« wurde Thoma zu einer saftigen Geldstrafe verurteilt.

Die älteste bayerische Feuerwehr wurde 1847 gegründet – es ist die Freiwillige Feuerwehr Augsburg.

Bayerische Ortsnamen in Mundart: Nämberch (Nürnberg), Rawetz (Marktredwitz), Deddlsa (Neuendettelsau), Bëichlberch (Pichlberg), Ärmerschtoodt (Ebermannstadt), Märchedol (Bad Mergentheim), Huuf (Hof), Feichtwang (Feuchtwangen), Minga (München), Anschba (Ansbach), Sporch (Cadolzburg), Inglstodt (Ingolstadt), Neuschd (Bad Neustadt/Saale), Schoidegg (Scheidegg), Wärzburch (Würzburg).

Im Freistaat gibt es 13 000 Höhlen.

Bis in die 1980er-Jahre färbte eine Algenart den Schliersee oft blutrot. Nach der Installation von Druckluftleitungen am Grund konnte sich die Wasserqualität rasch wieder normalisieren.

Die Bayerische Straße in Berlin trug von 1892 bis 1907 den Namen Baiersche Straße.

Der Entertainer und Schauspieler Harald Schmidt wurde in Neu-Ulm geboren, ist 194 Zentimeter groß, hat Schuhgröße 46, einen Kopfumfang von 61 Zentimetern und -5,75 Dioptrien. Sein erster Berufswunsch war Priester.

Schwabe heißt ein kleiner Krater am nordöstlichen Rand auf der Vorderseite des Mondes. Seine neun Nebenkrater heißen Schwabe C, Schwabe D, Schwabe E, Schwabe F, Schwabe G, Schwabe K, Schwabe U, Schwabe W und Schwabe X.

Freistaat bedeutet nichts anderes als Volksstaat oder Republik. Damit bezeichnete man zu Zeiten der Weimarer Republik Länder mit nicht monarchischer Regierungsform.

Im Münchner Tierpark Hellabrunn gibt es aktuell 18 431 Tiere. Mit über 100 Jahren ist eine Aldabra-Riesenschildkröte die älteste Mitbewohnerin. Die allergrößte ist Giraffe Bahati mit vier Metern – und die Raubturmdeckelschnecke ist mit nur drei Millimetern am kleinsten. Elefantenbulle Gajendra stellt mit 5000 Kilogramm das absolute Schwergewicht.

In Eichstätt gibt es 535 Milchkühe, 1887 Schweine, 21 Pferde und 206 Hühner. Und 14 Eichhörnchen.

Der ehemalige Sportreporter Harry Valérien forderte 1973 als 50-Jähriger den 21 Jahre alten Olympiadritten über 200 Meter Freistil, Werner Lampe, zu einem Wettschwimmen heraus. Valérien gewann mit einer Zehntelsekunde Vorsprung – er hatte Schwimmflossen an den Füßen.

Der kleinste Dinosaurier der Welt lebte in Bayern vor rund 155 Millionen Jahren. Der Compsognathus war nur 45 Zentimeter hoch und hatte eine Gesamtlänge von 70 Zentimetern.

Das 1905 vom bayerischen Unternehmer Josef Schmidt in der Münchner Lilienstraße entwickelte Brettspiel »Mensch ärgere Dich nicht« ist mit über 90 Millionen verkauften Exemplaren das populärste Spiel im deutschsprachigen Raum. In Frankreich heißt es übersetzt »Mach Dir nichts draus«, in Polen sagt man dazu »Chinese« und in den Niederlanden steht auf der Schachtel »Mens, erger je niet«.

Eggenfelden hat sehr kreative Ortsteilnamen – wie unter anderem Afuswimm, Axöd, Drittenbrei, Dürrwimm, Falterer, Fäustlinger, Fußöd, Gall, Gfürt, Hänghub, Hetzenberg, Holzkeller, Hub, Kaspersbach, Kleeham, Klohub, Luderfing, Reiter, Rushäusl, Stock und Vorderhöll.

Eis-Eis-Baby! Die Schellenberger Eishöhle im Untersberg bei Marktschellenberg ist die größte erschlossene Eisschauhöhle Deutschlands. Sie liegt auf 1570 Meter Höhe und man benötigt knapp dreieinhalb Stunden, um zum Einstieg zu gelangen.

Auf dem Gebiet des Freistaats sind 118 Staaten mit ihren Konsulaten vertreten.

Drei Häuser, ein Wirtshaus und eine kleine Kapelle: Einödsbach ist der südlichste ganzjährig bewohnte Ort Deutschlands und befindet sich am Ende des Stillachtals bei Oberstdorf.

Nach Ansicht der »Saupreißn« sind die typischsten weiblichen bayerischen Vornamen Annamirl, Annerl, Bärbl, Christl, Evi, Franzi, Gretl, Hannerl, Hilde, Liesl, Marie, Nannerl, Resi, Sofie, Thea, Theresa, Vroni, Wally und Zenzi.

2019 gab es am Flughafen München 40 981 522 Fluggäste, am Flughafen Nürnberg waren es 3 381 681, und am Allgäu Airport 883 490.

In der Hallertau wird ein mild-süffiger Doppelbockliqueur mit Bourbon-Vanilleschoten und ohne chemische Zusätze in einer stylishen Apothekerflasche hergestellt. Der Name der 22-prozentigen Bierspezialität: Heiland.

In Erlangen gab es eine Einhornstraße. Da das Straßenschild immer wieder von Unbekannten entwendet wurde, hat die Stadtverwaltung die Straße kurzerhand umbenannt – in Zweihornstraße.

Augen zu – Augen auf! Im Freistaat gibt es die Möglichkeit, direkt in Sehenswürdigkeiten zu übernachten – in sogenannten Sightsleeping-Hotels. Über 40 Adressen stehen bereits zur Auswahl und es werden immer mehr Burgen, Schlösser und besondere Gebäude, die ihren kunst- und kulturinteressierten Gästen das Besondere bieten.

Kempten hieß zur Römerzeit Cambodunum.

40,6 Jahre: Die jüngste Bevölkerung Bayerns lebt in Freising. Dahinter folgen Regensburg und Erlangen mit je 41,2 Jahren sowie Eichstätt mit 41,4 Jahren. Die ältesten Bayern leben in Wunsiedel – sie sind im Durchschnitt 47,8 Jahre alt.

Ich weiß was: Seit 1607 wird in Kelheim Weißbier gebraut und ausgeschenkt. Das Weisse Bräuhaus ist somit die älteste noch existierende Weißbierbrauerei Bayerns.

Sepp Maier ist mit 95 Einsätzen Rekordtorwart der deutschen Nationalmannschaft und mit 702 Pflichtspielen unangefochtener Rekordspieler des FC Bayern München. »Die Katze von Anzing« spielte 17 Jahre für den FCB und bestritt 447 Bundesligaspiele in Folge – ein weiterer Rekord für die Ewigkeit.

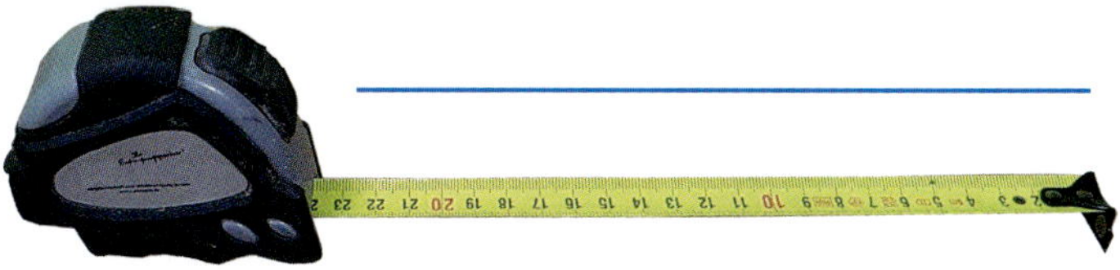

Die Entfernung von Neu-Ulm zum Nordpol beträgt 5362 km.

In Bayern gibt es einen Verein gegen betrügerisches Einschenken.

Der Verein wurde bereits 1899 gegründet, zählt heute rund 4000 Mitglieder und hat es sich zur Aufgabe gemacht, in Wirtshäusern, in Biergärten und auf Festen die Füllmenge vor allem in Krügen eine Minute nach dem Einschenken durch ehrenamtliche Helfer zu kontrollieren.

Für das Wort »Mädchen« gibt es in den vielen bairischen Dialekten unterschiedlichste Bezeichnungen: Määdle, Määdsche, Maidlein, Maadla, Madl, Deandl, Dirnlein, Deanl, Diandl, Feel, Sputtl, Märla und – das Mensch.

Du musst dich nur traun! Die Traun fließt durch Traundorf, Traunwalchen und Traunstein.

Jessesmariaundjosef! 625 Quadratmeter. 6 Meter hohe Gebäude. 30 handgeschnitzte, fast lebensgroße Figuren. In der Kirche St. Maximilian im Münchner Glockenbachviertel steht in der Vorweihnachtszeit die wohl größte Indoor-Krippe der Welt.

Barbara Schöneberger hat laut der Internetseite Boobpedia die BH-Größe 80 D.

Crème de la Crème: Die Bayerische Creme dient zur Zubereitung von Desserts und Torten und besteht aus Eigelb und Zucker sowie Milch und Schlagsahne zu gleichen Teilen – was dann mit Gelatine gebunden wird.

Bereits Ende des 14. Jahrhunderts soll das Rezept nach Frankreich gelangt sein – im Zuge der Eheschließung der bayerischen Prinzessin Elisabeth (Isabeau de Bavière) mit dem französischen König Karl VI.

Da kommt man in Teufels Küche! In der Nähe von Pilmersreuth an der Straße im Oberpfälzer Wald gibt es die sogenannte Kleine und die Große Teufelsküche – mächtige, bis zu 15 Meter hohe Gesteinsformationen aus Granit, die sich im und um den Waldbach auftürmen. Deifi, Deifi.

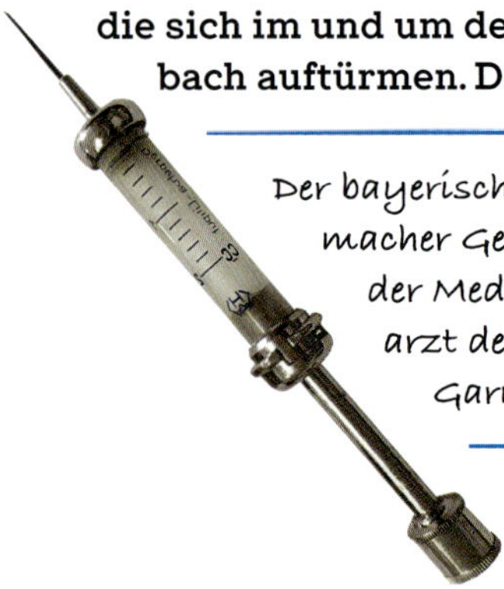

Der bayerische Kabarettist und Liedermacher Georg Ringsgwandl ist Doktor der Medizin und arbeitete als Oberarzt der Kardiologie im Klinikum Garmisch-Partenkirchen.

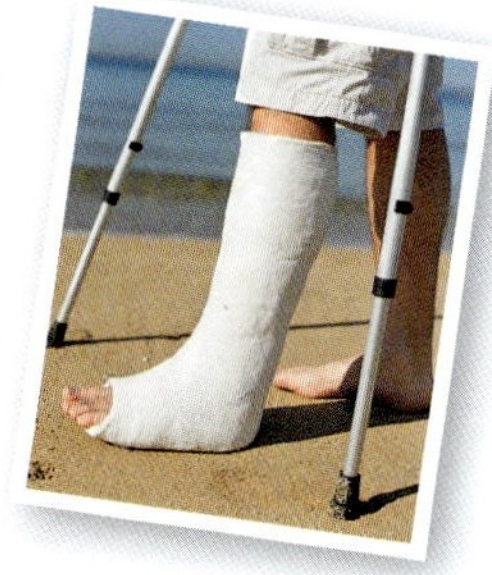

Ski- und Beinbruch! Nach einem Skiunfall entwickelte 1952 der Automechaniker Hannes Marker aus Garmisch-Partenkirchen eine Sicherheitsbindung, die den Skischuh bei einem Sturz spontan und verlässlich freigibt. Schon wieder eine wichtige Erfindung aus Bayern!

Napoleon hat die Oberpfalz 1805 zum Mittelpunkt Europas erklärt.

Der Tölzer Knabenchor probt seit 1971 in der Landeshauptstadt München.

Das Frankenwappen symbolisiert mit den drei nach oben gerichteten weißen Spitzen die Dreifaltigkeit Gottes sowie mit den vier nach unten gerichteten roten Enden die vier Himmelsrichtungen.

Schnellkurs Bairisch für Preißn und Zuagroasde: Dsigräddnedwi (Zigarettenetui), Fleischpflanzerl (Frikadelle), Hoiwe (halber Liter Bier), Uazoaga (Uhrzeiger), Wammerl (durchwachsenes Schweinefleisch).

Boahr! Der weltweit größte Landbohrturm steht in Windischeschenbach. Er wurde 1987 zur Erforschung der Erdkruste erstellt, ist 83 Meter hoch und das von ihm gebohrte Loch hat eine Tiefe von sagenhaften 9101 Metern. Das heute stillgelegte imposante Forschungsdenkmal kann man besichtigen.

Holzheim am Forst in der Oberpfalz hat mitten auf seinem Wappen eine blaue Gießkanne.

Würzburg heißt auf Französisch Wurtzbourg, auf Chinesisch Wéi'ěr cí bǎo, auf Latein Herbipolis und auf Japanisch Vyurutsuburuku.

Kinna dad i scho, oba meng dua i ned.

Im Bamberger Dom befindet sich das einzige Papstgrab nördlich der Alpen. Clemens II. war von 1046 bis 1047 Oberhaupt der Kirche. Er gilt aufgrund seiner Herkunft aus dem Herzogtum Sachsen als erster deutscher Papst – sein Grab liegt versteckt hinter dem Bischofsstuhl, der Kathedra.

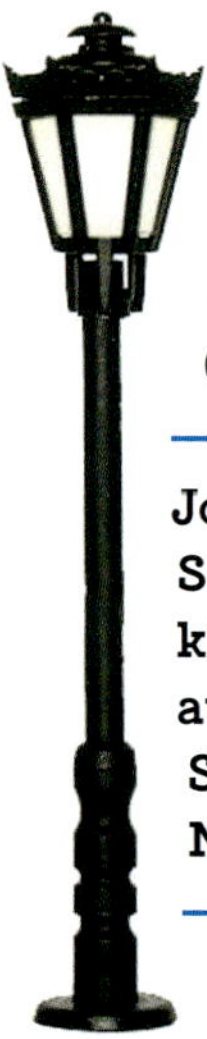

In Bayern gibt es rund 2500 Kilometer Bundesautobahnen, 6500 Kilometer Bundesstraßen, 14 000 Kilometer Staatsstraßen und 20 000 Kilometer Kreisstraßen mit 14 930 Brücken, 62 Tunneln und über 6000 Kilometer Radwegen.

Johann Sigmund Schuckert errichtete 1878 in Schloss Linderhof nicht nur das erste Wärmekraftwerk der Welt, sondern entwickelte 1882 auch die erste dauernd betriebene elektrische Straßenbeleuchtung Deutschlands in der Nürnberger Kaiserstraße.

Der am häufigsten gespielte Wiesnhit heißt »Ein Prosit der Gemütlichkeit«. Die aktuellen Dauerbrenner lauten »Cordula Grün«, »Bella Ciao« und »Sweet Caroline«.

In Garmisch-Partenkirchen gibt es das Bestattungsinstitut Kiste.

Abkrzng! Das kleine deutsche Eck: Österreicher fahren, um von Lofer nach Salzburg zu kommen, gerne auf direktem Wege 15 Kilometer durch Bayern. Die Strecke über Bad Reichenhall dient hierbei als ideale Abkürzung und ist aufgrund der geografischen Gegebenheiten wesentlich kürzer als außenrum durch die österreichischen Alpen.

Während Spikereifen in Deutschland generell verboten, in Österreich aber erlaubt sind, gilt für das kleine deutsche Eck eine Ausnahme.

Franz Beckenbauer ist Rekordgast im »Aktuellen Sportstudio« des ZDF – mit bislang 57 Auftritten.

Kneipen oder Kneippen? Sebastian Kneipp widmete sich eher dem Wasser. Er studierte in Dillingen Theologie – und entwickelte an der Donau die Grundlage seiner berühmten Kur- und Wassertherapie.

Fußballweltmeister Bastian Schweinsteiger war der erste deutsche Mann auf einem Cover der Zeitschrift »Vogue«.

Der bayerische Revolutionsführer Kurt Eisner verkündete 1918 nach dem Sturz der Wittelsbacher Monarchie: »Bayern ist fortan ein Freistaat.« Seit 1919 trägt das Land diesen Staatsnamen ganz offiziell – und stolz.

Bayerische Spezialitäten: Auszogne, Schniibolln, Lebakaas, Baamkoung, Sulzn, Blaue Zipfe, Dofespitz, Schmoiznudln, Germkneedl, Millirahmstrudl, Paradeiser, Raiwadatschi, Russ, Sauakraut, Kässpatzn, Steggalfisch, Weißwirschd, Gschling, Pressack, Zwetschgndatschi. An Guadn!

Witzige bayerische Ortsnamen: Plöd, Wüstensaal, Schlecht, Leichendorf, Untergeiernest, Kotzheim, Kloo, Christusgrün, Katzenhirn, Neuwelt, Ostern, Löffelsterz, Streitberg, Puschendorf, Unterschlauersbach, Elend, Wank, Käswasser, Platz, Schnarchenreuth.

Die Hummelfigur »Die sieben Schwaben« gilt als das teuerste Exponat der weltweit bekannten Porzellanmanufaktur aus Rödental – sie wird mit über 4000 Euro gehandelt.

Einfach tierisch: In Bayern gibt es rund 3,4 Millionen Schweine, 275 000 Schafe und 40 000 Ziegen.

An der portugiesischen Küste, am südwestlichsten Punkt des europäischen Festlandes, direkt vor dem Atlantischen Ozean, steht ein Schild mit der Aufschrift »Letzte Bratwurst vor Amerika – Wir sprechen Bairisch«. Kurz darauf findet man den dazugehörigen Imbisswagen mit den beiden Inhabern: zwei waschechten Nürnbergern.

Frage eines der 100 000 jährlichen Kunden: »Führen Sie wirklich alle Würste ein?« Antwort des fränkischen Imbisschefs: »Also, wenn ich das machen würde, dann würden Sie bestimmt nichts essen wollen und ich könnte abends vor Schmerzen nicht sitzen. Wir importieren die Würste, gnädige Frau.«

Der Trachtenverein Bayrischzell in Oberbayern ist der älteste Trachtenverein Bayerns – er wurde im Jahr 1883 gegründet.

Der Nürnberger Apotheker Dr. Carl Soldan hat nicht nur die Frostschutzseife erfunden, sondern 1933 auch die Em-eukal-Rezeptur mit Eukalyptus und Menthol. Die hellgrün umwickelten Gutsele/Bomberla bekamen seitlich eine »rote Fahne« – damit Bergarbeiter unter Tage auch mit schmutzigen Kohlehänden die Bonbons geschickt öffnen konnten.

In der Knödelstadt Deggendorf gibt es unter anderem einen Knödelbrunnen, Knödelchen-Pralinen, Knödel aus Biskuitteig, einen Knödel-Express, ein Gasthaus Zur Knödelwerferin und einen Herrn Knödl.

Wannst moanst, iba di sogt neamd nix, muasst grad deine Ohrwaschln ins Land schicka.

Laut dem Lenggrieser Verein zur Erhaltung der Biergartentradition ist ein echter Biergarten nur einer, in den man sein Essen auch selbst mitbringen kann.

Allgäuer Zungenbrecher: Hilfsch mr dr Abbra Drebb radra? (Hilfst du mir den Fernsehapparat die Treppe heruntertragen?)

An Mariä Himmelfahrt ist in 1704 von 2056 bayerischen Gemeinden arbeitsfrei. Nur Orte mit mehrheitlich katholischer Bevölkerung haben diesen Feiertag – in allen anderen muss man den Wecker stellen und arbeiten. Laut bayerischem Feiertagsgesetz wird aufgrund der jeweils letzten Volkszählung entschieden – so haben das letzte Mal drei Kommunen den Feiertag verloren, sieben haben ihn hinzugewonnen.

Servus, Gruezi und Hallo! Maria Hellwig stand 85 Jahre auf der Bühne, veröffentlichte 90 Singles, hatte über 800 Lieder im Repertoire und trat über 2600-mal in Fernsehshows auf.

Die Münchner Ruhestörung ist ein Musikensemble aus der Landeshauptstadt. Die rund 20 Mitglieder spielen auf ihren Schlag- und Effektinstrumenten vor allem afro-brasilianische Rhythmen und treten auch überregional auf.

In Bayern sind täglich rund 9,5 Millionen Kraftfahrzeuge auf den Straßen unterwegs.

Die häufigsten bayerischen Nachnamen sind Huber, Müller, Bauer, Meier und Schmidt.

Not bad: Der älteste Kneipp-Kurort in Deutschland ist Bad Wörishofen – hier entwickelte Pfarrer Sebastian Kneipp sein ganzheitliches Naturheilverfahren. Sauba, sog i.

Markus Söder kam ab 2009 zur Fastnacht in Franken in folgenden Kostümen: als Eisbär Flocke, Zauberer Gandalf, Punker, Marilyn Monroe, Shrek, Mahatma Gandhi, Edmund Stoiber, Homer Simpson, Prinzregent Luitpold von Bayern. Und 2019 als Markus Söder.

Grenzenloser 360-Grad-Rundumblick: Die Winklmoosalm bei Reit im Winkl ist der dunkelste Ort in Bayern. Auf 1200 Meter Höhe ist es dort ideal zum Sterneschauen. Laut Lichtverschmutzungs-Atlas ist auf dem Hochplateau der Nachthimmel von sagenhaft klarer Qualität – man kann über 3000 Himmelskörper sehen. So viel wie sonst nirgendwo im Freistaat.

Spruch von Max Merkel, dem ehemaligen Fußball-Meistertrainer von 1860 München: »Basler ist die teuerste Parkuhr der Welt. Er steht rum – und die Bayern stopfen das Geld rein.«

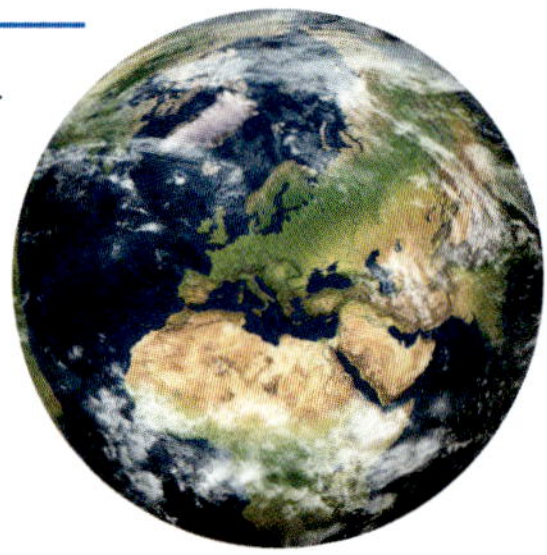

Wenn man von Wemding im schwäbischen Landkreis Donau-Ries aus ein Loch durch die Erde graben würde, käme man auf der anderen Seite mitten im Südpazifik wieder heraus – rund 1111 Kilometer südwestlich der zu Neuseeland gehörenden Chathaminseln.

Patrona Bavariae: Bis heute wurden über 20 Millionen Tonträger des Titels vom Original Naabtal-Duo verkauft.

Da prasselts ganz schön arg vom Himmel: Der starkregenreichste Ort Deutschlands mit 115 Stunden ist Aschau im Chiemgau.

Kaiserin Sissi hieß eigentlich Elisabeth Amalie Eugenie, Herzogin in Bayern.

Die im Regensburger Schloss St. Emmeram wohnende Fürstin Gloria von Thurn und Taxis hieß ursprünglich Mariae Gloria Ferdinanda Gerda Charlotte Teutonia Franziska Margarethe Frederike Simone Johanna Joachima Josefine Wilhelmine Huberta Gräfin von Schönburg-Glauchau.

1980 heiratete sie den 34 Jahre älteren, inzwischen verstorbenen Johannes Baptista de Jesus Maria Louis Miguel Friedrich Bonifazius Lamoral Prinz von Thurn und Taxis.

Der 1829 in Buttenheim geborene Löb Strauss wanderte nach Amerika aus und nannte sich fortan Levi. Er fertigte für Goldgräber robuste Hosen aus Baumwolle – der Stoff wurde im französischen Nîmes hergestellt (de Nîmes = aus Nîmes = Denim) und von der italienischen Stadt Genua aus verschifft. Aus der französischen Form dieses Städtenamens (Gênes) entwickelte sich die amerikanische Aussprache »Jeans«.

Das schönste Freibad Deutschlands liegt in Bayern. Das Felsenbad Pottenstein in der Fränkischen Schweiz ist ein Naturschwimmbad mit natürlicher Reinigung des Wassers durch Schilf, Wasserpflanzen und einen Kiesfilter. Ganz klar: eine saubere Sache!

2019 besuchten den Freistaat 29 940 820 inländische und 10 070 099 ausländische Gäste – die meisten kamen aus den USA, dann folgen Österreich, Schweiz, Niederlande, Italien, Großbritannien und China.

Weltweit gibt es in 27 Ländern bayerische Auslandsrepräsentanzen – unter anderem in Indien, China, den USA, Ägypten, Russland, Saudi-Arabien – und Österreich.

In Würzburg gibt es besonders kreative Straßennamen: Am Klößberg, Kniebrecherweg, Essiggarten, Rotkäppchenweg, Rübezahlweg, Elefantengasse, Leutfresserweg.

Ganz schön farbig! In der Dreiflüssestadt Passau, zu Füßen der weißen Veste Niederhaus, fließen zuerst die aus einem Moorgebiet kommende schwarze Ilz und kurz darauf der grüne Inn jeweils direkt in die blaue Donau.

Note Eins! Die in Landau an der Isar geborene Schauspielerin Uschi Glas gründete bereits im Jahr 2009 mit ihrem Partner den Verein brotZeit e. V. – dort werden mittlerweile über 10 000 Kinder unterstützt, die ohne Frühstück und Pausenbrot zur Schule kommen.

Huber-Huber-Huber-Täterääää!
In Palling im Landkreis Traunstein gibt es die größte Huber-Dichte in ganz Bayern. Von den 3500 Einwohnern tragen 178 den Familiennamen Huber. Die zwei wohl bekanntesten sind die Huber-Buam Thomas und Alexander – weltbekannte Extremkletterer.

Die Hub oder Hube ist ein altes Flächenmaß, das die Größe wiedergibt, die eine Kleinfamilie auf einem Hof zum Leben benötigte. Das waren seinerzeit rund 30 Morgen bzw. 15 bis 20 Hektar.

So ein Quaak! Pilsting in Niederbayern hat auf dem Wappen einen Frosch.

»Tach« hieß im Mittelhochdeutschen »Lehm«. So kam die Stadt an der lehmigen Flussaue der Amper zu ihrem Namen: Dachau.

Satt hoaßd fei ned, dass koa Schogglad mea neibassd!

Beim Fingerhakeln geht es darum, den Gegner mit einem Finger über den Tisch zu ziehen. Daher auch die bekannte Redewendung – denn früher wurden so unter anderem Probleme ausgetragen und Streitigkeiten entschieden.

In Burghausen im oberbayerischen Landkreis Altötting steht mit 1051 Metern die längste Burg der Welt.

Als es noch keine Postverbindung gab, marschierten Hochzeitslader von Haus zu Haus, um die Gäste mündlich einzuladen. Immer dabei – der mit farbigen Bändern symbolisch geschmückte Rosenholzstock: Weiß für die Jungfräulichkeit, Rot für die Liebe, Grün für die Hoffnung und Blau für die Treue. Der Hochzeitslader unterstützt das Brautpaar noch heute bei den Vorbereitungen, führt durch die Veranstaltung und gibt »Gstanzl« zum Besten, in denen er Braut, Bräutigam sowie weitere ausgewählte Personen in Versform humorvoll aufs Korn nimmt.

Fia d' Fleh gibt's a Puiva, fia d' Schuah gibt's a Wix, fian Durschd gibt's a Bier, nua fia d' Bleeedheit gibts nix.

In Bad Tölz befinden sich die stärksten Sodquellen Deutschlands.

WELTERBE · WORLD HERITAGE · PATRIMOINE MONDIAL

Acht der 44 deutschen UNESCO-Welterbestätten befinden sich in Bayern: das Augsburger Wassermanagement-System, die Altstadt von Bamberg, das Markgräfliche Opernhaus in Bayreuth, der Limes, die Wieskirche im Pfaffenwinkel, die prähistorischen Pfahlbauten, die Altstadt von Regensburg mit Stadtamthof, und die Residenz Würzburg.

Brrrrr! Der kälteste See Deutschlands mit minus 45,9 Grad war 2001 der Funtensee in den Bayerischen Alpen in Berchtesgaden. Bis heute wurde keine kältere Temperatur gemessen.

Schnellkurs Bairisch für Preißn und Zuagroasde: Brezn (Bretzel), Dragl (Kasten Bier), Globiaschdn (Klobürste), Kufa (Koffer), Pfüad di (Abschiedsgruß: Behüte dich Gott), Reiwadatschi (Kartoffelpuffer), Schdamperl (Glas Schnaps).

In bayerischen Haushalten werden rund 100 000 Reptilien gehalten – Schlangen, Lurche, Kröten und was sonst noch so alles kreucht und fleucht.

Witzige bayerische Vereinsnamen: 1. SC Feucht, Die wilden Antikörper Roßtal, FC Wichsenstein, Landsknechtgemeinde De frommen Rotten, Turn- und Sportverein Poppenhausen, SV Tussenhausen, Sportfreunde Ursulapoppenricht, FC Wertheim-Eichel.

Waldkraiburg ist neben Geretsried, Neugablonz, Neutraubling und Traunreut eine von fünf bayerischen Vertriebenenstädten, die erst nach dem Zweiten Weltkrieg entstanden sind. Peter Alexander Makkay kam 1963 als 14-Jähriger mit seinen Eltern aus dem rumänischen Braşov nach Waldkraiburg, verließ 1968 die Realschule, begann eine Lehre als Chemigraf und wurde einer der besten deutschen Musiker. Sein Künstlername: Peter Maffay.

In Eichendorf gibt es die Versicherungsagentur Schadenfroh.

Du bist doch aa blos so schee, weil i so bsuffa bin!

Mais, Sand und Kratzen sind Stadtteile von Vilsbiburg.

König Ludwig I. war ein großer Fan der griechischen Kultur. Nach seiner Inthronisierung am 20. Oktober 1825 verfügte er in einer seiner ersten Anordnungen, dass von nun an Baiern nur noch mit y geschrieben werden soll. So wurde aus der historischen Schreibweise Baiern die noch heute gebräuchliche Form Bayern.

Almabtrieb: Die Überführung des Viehs von den Bergwiesen hinunter ins Tal zurück in die Stallungen der Bauernhöfe nennt man auch Alpabfahrt, Alpabzug oder Viehscheid.

Ein See. Ein Taucher. Ein Einbaum. Das älteste Boot Bayerns wurde 2015 bei Wasserburg im Bodensee gefunden. Das 6,80 Meter lange und 1,05 Meter breite Exemplar aus Eichenholz ist rund 3150 Jahre alt und stammt aus der Bronzezeit.

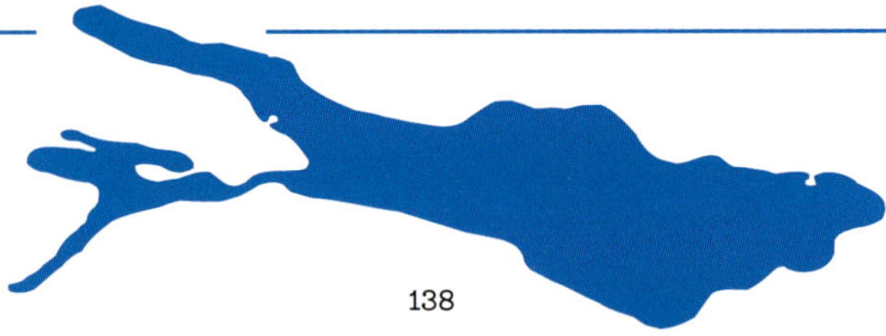

Lederhose heißt auf Bulgarisch kozheni pantaloni, auf Chinesisch Pí kù, auf Dänisch læderbukser, auf Albanisch pantallona lëkure, auf Koreanisch gajug baji, auf Arabisch alsarawil aljuldia, auf Finnisch nahkahousuihin, auf Italienisch pantaloni di pelle, auf Japanisch Rezāpantsu, auf Niederländisch lederen broek, auf Ungarisch bőrnadrág, auf Tschechisch kožené kalhoty und auf Norwegisch skinnbukser.

Bis 1945 hatten die Nürnberger Wechselstrom und die Fürther Gleichstrom.

Happy! Im jährlich publizierten Glücksatlas der Deutschen Post werden Bewohner aller 19 Regionen in Deutschland zu ihrer Zufriedenheit befragt. Aktuell liegen die Franken mit 7,27 Punkten gemeinsam mit Hamburg auf Platz drei – dicht gefolgt von Bayern-Süd mit 7,26 von 10 Punkten.

52 Prozent der Bayern leben im eigenen Haus.

Die Original Bayrische Bartwichse duftet nach Bergamotte und Vanille und wird in Alpenrod hergestellt – das liegt im Westerwald.

Die Bayernhymne

Gott mit dir, du Land der Bayern,
deutsche Erde, Vaterland!
Über deinen weiten Gauen
ruhe Seine Segenshand!
|: Er behüte deine Fluren,
schirme deiner Städte Bau
und erhalte dir die Farben
Seines Himmels, weiß und blau! :|

Gott mit dir, dem Bayernvolke,
dass wir, unsrer Väter wert,
fest in Eintracht und in Frieden
bauen unsres Glückes Herd!
|: Dass mit Deutschlands Bruderstämmen
einig uns ein jeder schau
und den alten Ruhm bewähre
unser Banner, weiß und blau! :|

1992 wurde von der Bayerischen Staatsregierung und der Bayerischen Volksstiftung ein Wettbewerb für eine offizielle dritte Strophe ausgeschrieben. Die SPD wollte den unten aufgeführten Siegertext gerne einführen – der entsprechende Antrag wurde mit CSU-Mehrheit dankend abgelehnt.

Gott mit uns und allen Völkern,
ganz in Einheit tun wir kund:
In der Vielfalt liegt die Zukunft,
in Europas Staatenbund.
|: Freie Menschen, freies Leben,
gleiches Recht für Mann und Frau!
Goldne Sterne, blaue Fahne
und der Himmel, weiß und blau. :|

Bildnachweis

Umschlagvorderseite: Paschon/Shutterstock; Umschlaginnenseite, vorne: dvoenore/ Shutterstock; Umschlaginnenseite, hinten: FooTToo/Shutterstock // Adobe Stock: spaxiax S. 5 u.; Marina Lohrbach: S. 6 o.; perfectlab: S. 7 o.; Stavros: S. 7 M.; S. 8 u.: Africa Studio; S. 9 o.: mafu art; S. 14 o.: akf; Mark Herreid: S. 14 u.; Alexander Raths: S. 15 o.; seafarer81: S. 15 u.; grafikplusfoto: S. 19 u.; Britta Laser: S. 20 u.; Jesenicnik: S. 21 u.; kues1: S. 23 o.; Ihar Kaskevich: S. 24 M.; Stefan Körber: S. 26 u.; Stefan Weis: S. 27 u., S. 119 u.; Volff: S. 29 o.; Eric Isselée: S. 32 o.; ArTo: S. 32 u.; janvier: S. 34 o.; BRN-Pixel: S. 35 o.; Richard Oechsner: S. 35 u.; TrudiDesign: S. 38 o.; Barbara Pheby: S.38 u.; Fotografie Sashkin: S.39 u.; gradt: S.42 M.; polymus64: S.46 u.; margo555: S.48 o.; MG1408: S. 48 u.; Ilya Akinshin: S. 49 o.; Fiesels: S. 50 o.; He2: S. 51 u.; aleksandarfilip: S. 53 u.; VICHAILAO: S. 55 o.; vencav: S. 56 u.; rdnzl: S. 60 o.; PhotoSG: S. 60 u.; by-studio: S. 61 o.; Richard Griffin: S. 63 o.; euthymia: S. 63 M.; Fiedels: S. 64 u.; S. 65 M.: pagnacco; Preferi: S. 65 u.; pixel dreams: S. 66 u.; K.-U. Häßler: S. 67 o.; Max40547: S. 69 o.; Alexander Limbach: S. 70 o.; scarie: S. 72 o.; alexlmx: S. 75 o.; DMM Photography Art: S. 76 o.; asmakar: S. 77 o.; SusaZoom: S. 77 u.; grafikplusfoto: S. 81 o.; Kuzmick: S. 82 M.; Smileus: S. 85 u.; hcast: S. 86 u.; Thomas Vogt: S. 88 o.; Ljupco Smokovski: S. 88 M.; alswart: S. 88 u.; jagodka: S. 89 o.; vixenkristy: S. 94 u.; Marco2811: S. 95 u.; fotobi: S. 96 o.; Jörg Lantelme: S. 98 M.; Schwoab: S. 103 M.; Maksym Yemelyanov: S. 105 o.; Gelpi: S. 107 o.; Caro S.: S. 111 o.; Andrzej Solnica: S. 112 u.; ExQuisine: S. 115 M.; emuck: S. 116 o.; RomainQuéré: S. 119 M.; Olga Moonlight: S. 120 u.; CGiHeart: S. 121 M.; alephcomo1: S. 123 u.; Kokhanchikov: S. 124 u.; contrastwerkstatt: S. 125 o.; EvgeniyBobrov: S. 125 M.; Ingo Bartussek: S. 129 o.; Patrick J: S. 129 u.; Max Dallocco: S. 132 M.; Andrzej Tokarski: S. 132 u.; kikkerdirk: S. 137 M. // Hartmut Ronge: S. 5 o., S. 5 M., S. 6 u., S. 7 u., S. 8 o., S. 16 o., S. 16 M., S. 17, S. 19 o., S. 20 M., S. 21 o., S. 22 o., S. 22 M., S. 27 M., S. 29 u., S. 30 u., S. 31 o., S. 31 u., S. 32 M., S. 33 M., S. 34 u., S. 36 M., S. 36 u., S. 37 o., S. 37 u.; S. 38 M., S. 40 o., S. 40 M., S. 40 u., S. 41 o., S. 41 u., S. 42 o., S. 42 u., S. 43 o., S. 44 u., S. 45 o., S. 45 u., S. 47 u., S. 49 M., S. 51 M., S. 53 o., S. 53 M., S. 54 o., S. 54 u., S. 58 o., S. 58 M., S. 60 M., S. 61 M., S. 62 o., S. 63 u., S. 65 o., S. 66 M., S. 68 M., S. 70 M., S. 70 u., S. 71 u., S. 72 u., S. 73 o., S. 74 u., S. 75 u., S. 78 o., S. 78 M., S. 78 u., S. 79 M., S. 78 u., S. 80 o., S. 80 u., S. 82 o., S. 82 u., S. 83 o., S. 83 u., S. 84 o., S. 84 M., S. 84 u., S. 85 o., S. 86 o., S. 86 M., S. 87 o., S. 87 M., S. 90 o.; S. 91 o.; S. 91 M.; S. 91 u.; S. 92 M.; S. 92 u.; S. 93 o.; S. 93 M.; S. 94 M.; S. 95 M.; S. 96 M.; S. 96 u., S. 97 u., S. 98 o., S. 99 o., S. 100 o., S. 100 M., S. 100 u., S. 101 o., S. 102 u., S. 103 o., S. 104 u., S. 106 o., S. 107 M., S. 107 u., S. 108 M., S. 108 u., S. 108 u., S. 109 u., S. 110 u., S. 113 u., S. 114 o., S. 114 u., S. 116 u., S. 117 o., S. 117 u., S. 118 o., S. 118 M., S. 118 u., S. 119 o., S. 121 o., S. 122 u., S. 123 o., S. 123 M., S. 124 o., S. 124 M., S. 125 u., S. 126 u., S. 127 o., S. 127 M., S. 127 u., S. 128 u., S. 130 o., S. 130 M., S. 131 o., S. 131 u., S. 132 o., S. 133 o., S. 134 M., S. 135 o., S. 136 o., S. 136 u. (Fotografie), S. 137 o., S. 137 u., S. 138 o., S. 139 o., S. 139 M. // Shutterstock: VerisStudio: S. 23 u.; Dmitry Naumov: S. 25 o.; irin-k: S. 25 u.; Valdas Jarutis: S. 27 o.; Susan Fietze: S. 28 o.; clarst5: S. 30 o.; Stefan Simmerl: S. 30 M.; Matej Ziak: S. 31 M.; shockfactor.de: S. 34 M.; audaxl: S. 44 o.; Diane Kuhl: S. 48 M., Irina Skokova: S. 50 M.; Ivan Smuk: S. 51 o.; Kelvin Reynoso: S. 52 M.; adirekjob: S. 52 u.; aopsan: S. 58 u.; footageclips: S. 59 M.; Softulka: S. 59 u.; pardon06: S. 61 u.; Artem Kutsenko: S. 68 u.; Gold Stock Images: S. 69 M.; footageclips: S. 73 M.; SOMMAI: S. 79 o.; Elena Odareeva: S. 80 M.; stockphoto-graf: S. 83 M.; Thomas Soellner: S. 85 M.; Sari ONeal: S. 89 u.; vitals: S. 90 u.; Mikhail Markovskiy: S. 102 o.; mingman: S. 106 u.; Nosyrevy: S. 108 o.; Lifandi: S. 111; Mau Horng: S.115 u.; Svesla Tasla: S.121 u.; Maria Burmistrova: S.130 u.; winyuu: S.133 u.; MvanCaspel: S. 134 u. // Alupus: S. 24 u.; curto: S. 134 o.; S. Finner: S. 28 u.; GFreihalter: S. 18; HUvB: S. 21 M.; Kogo: S. 97 o.; Barbara Krafft, Malerin: S. 12 o.; Landesarchiv Baden-Württemberg, Museum der Burg Jagsthausen, Glasnegativ von Wilhelm Kratt (1887–1968): S. 26 M.; Björn Locke: S. 36 o., S. 41 M., S. 47 M., S. 62 M., S. 99 (Illustration Shanghai), S. 102 M.; Sylvia Mielecke, Malerin, Acryl auf Leinwand: S. 47 o.; Andreas Mühlbauer, Drachenstich-Festspiele e.V.: S. 62 u.; Georg Schildknecht: S. 135 u.; Rene Schürmann: S. 71 o.; Sam Shere: S. 20 o.; Stadt Wolframs-Eschenbach: S. 68 o.; Teilzeitroll: S. 49 u.; Tehawe: S. 64 o.; Zach Tirrell: S. 120 o.; Vivara.at: S. 93 u.; Vuxi: S. 11 o.; Günter Wetzel: S. 11 u.; xamtiw: S. 103 u.

Impressum

Der Autor: Hartmut Ronge ist leidenschaftlicher Zitaten-, Wort- und Peinlichkeitensammler, ein vielseitiger Autor für Humor & Satire, Sachbuch und Mundart. Der passionierte Hausschuhhasser, TV-Sportmoderatoren-Verbesserer, Toilettenpapierrollen-Richtigherumhänger, Nasenhaarzupfer und Adventskalender-Vorzeitigöffner lässt sich schon seit vielen Jahren immer wieder zum 38. Geburtstag gratulieren – das hält jung. Hartmut Ronge wurde im Freistaat Bayern geboren und lebt mit seiner Regierung, zwei Kindern und ohne Hund in Stuttgart. Er ist immer wieder gern in der Heimat.

Verantwortlich: Sabine Klingan, Miriam Gieler
Lektorat: Michaela Zelfel
Layout und Umschlaggestaltung:
Björn Locke

Repro: Cromika
Herstellung: Bettina Schippel
Printed in Slovenia
by Florjancic

Sind Sie mit diesem Titel zufrieden?
Dann würden wir uns über Ihre Weiterempfehlung freuen.
Erzählen Sie es im Freundeskreis, berichten Sie Ihrem Buchhändler, oder bewerten Sie bei Onlinekauf.
Und wenn Sie Kritik, Korrekturen, Aktualisierungen haben, freuen wir uns über Ihre Nachricht an J. Berg Verlag, Postfach 40 02 09, D-80702 München oder per E-Mail an lektorat@verlagshaus.de.

Unser komplettes Programm finden Sie unter www.j-berg-verlag.de

In diesem Buch wird aus Gründen der besseren Lesbarkeit das generische Maskulinum verwendet. Weibliche und anderweitige Geschlechteridentitäten sind dabei ausdrücklich mitgemeint, soweit es für die Aussage erforderlich ist.

Empfehlung der Redaktion
Sie sind auf der Suche nach weiterführender Literatur? Dann empfehlen wir Ihnen den Titel »Die Wander-Bucket-List Bayern« von Wilfried und Lisa Bahnmüller.

Bildnachweis: s. Seite 142

Die Deutsche Nationalbibliothek verzeichnet diese Publikation in der Deutschen Nationalbibliografie; detaillierte bibliografische Daten sind im Internet über http://dnb.d-nb.de abrufbar.

ISBN: 978-3-86246-734-1